CB037360

SELECÇÃO TEMÁTICA DE JURISPRUDÊNCIA DO SUPREMO TRIBUNAL DE JUSTIÇA

Primeiro Volume
JURISDIÇÃO MILITAR

SELECÇÃO TEMÁTICA DE JURISPRUDÊNCIA
DO SUPREMO TRIBUNAL DE JUSTIÇA

Primeiro Volume – JURISDIÇÃO MILITAR

COORDENAÇÃO

Alexandra Ferreira e Neves Ribeiro

EDITOR

EDIÇÕES ALMEDINA, SA
Rua da Estrela, n.º 6
3000-161 Coimbra
Tel.: 239 851 904
Fax: 239 851 901
www.almedina.net
editora@almedina.net

EXECUÇÃO GRÁFICA

TIPOGRAFIA LOUSANENSE, LDA.
3200-909 Lousã
tipograf.lousanense@mail.telepac.pt

Janeiro, 2006

DEPÓSITO LEGAL
236616/05

Os dados e as opiniões inseridos na presente publicação
são da exclusiva responsabilidade do(s) seu(s) autores.

Toda a reprodução desta obra, por fotocópia ou outro qualquer processo,
sem prévia autorização escrita do Editor,
é ilícita e passível de procedimento judicial contra o infractor.

Propriedade do Registo de Título: Supremo Tribunal de Justiça
(Selecção Temática de Jurisprudência do Supremo Tribunal de Justiça)

SELECÇÃO TEMÁTICA DE JURISPRUDÊNCIA DO SUPREMO TRIBUNAL DE JUSTIÇA

Primeiro Volume
JURISDIÇÃO MILITAR

Integrando:

A Lei
Código de Justiça Militar, Estatuto dos Juízes Militares e dos Assessores Militares do Ministério Público e Regulamento de Disciplina Militar

A Jurisprudência
Acórdãos relativos a crimes estritamente militares e pedidos de *habeas corpus*, sumariados e comentados pelo Juiz Conselheiro Maia Gonçalves

A Doutrina
Estudos da autoria do Professor Rui Pereira e dos Tenentes-Generais Oliveira Simões e Abrantes dos Santos e Vice-Almirante Neves de Bettencourt, relativos a crimes estritamente militares

Coordenação:
NEVES RIBEIRO
ALEXANDRA FERREIRA
Juiz Conselheiro-Vice-Presidente do Supremo Tribunal de Justiça
Adjunta do Gabinete do Presidente do Supremo Tribunal de Justiça

COIMBRA — 2006

ÍNDICE GERAL

BREVE NOTA EXPLICATIVA DA EDIÇÃO 9

PARTE I

LEI

1. Lei n.º 100/2003, de 15 de Novembro (Aprova o novo Código de Justiça Militar e revoga a legislação existente sobre a matéria) 11

2. Lei n.º 101/2003, de 15 de Novembro (Aprova o Estatuto dos Juízes Militares e dos Assessores Militares do Ministério Público) 67

3. Decreto-Lei n.º 142/77, de 9 de Abril (Aprova o Regulamento de Disciplina Militar) 75

PARTE II

JURISPRUDÊNCIA
(sumariada e comentada pelo Juiz Conselheiro Maia Gonçalves)

1. Acórdão n.º 3500/04, de 2 de Dezembro de 2004 141
2. Habeas Corpus n.º 4731/04, de 16 de Dezembro de 2004 153
3. Habeas Corpus n.º 1000/05, de 16 de Março de 2005 156
4. Habeas Corpus n.º 1450/05, de 20 de Abril de 2005 160
5. Acórdão n.º 1838/05, de 25 de Maio de 2005 166
6. Habeas Corpus n.º 3906/04, de 24 de Novembro de 2005 168

PARTE III

DOUTRINA

1. Estudo da autoria dos Tenentes-Generais Oliveira Simões e Abrantes dos Santos e Vice-Almirante Neves de Bettencourt 185
2. Estudo da autoria do Professor Rui Pereira 193

BREVE NOTA EXPLICATIVA DA EDIÇÃO

1. No ponto 16 do Programa de acção do STJ para o ano de 2005, inscreveu-se a publicação regular de jurisprudência temática, anunciando-se ainda que, o n.º 1 incidiria sobre jurisdição militar do Supremo Tribunal de Justiça.

A obra integraria um texto de introdução doutrinal da autoria de um especialista de reconhecido mérito em direito e processo penal; um texto de análise da autoria (ou co-autoria) dos senhores Juízes Militares do Supremo, por cada ramo das Forças Armadas; bem como integraria ainda os acórdãos mais representativos, proferidos entretanto por este Tribunal, relativamente a crimes estritamente militares, anotados por especialista, também de reconhecido mérito.

A ideia de se começar por esta matéria – a que se seguirá a matéria relativa ao direito judiciário e do processo civil da União Europeia ([1]), ao direito do ambiente e a relativa ao direito de regulação económica – corresponde à sua novidade entre nós, com a passagem para o Supremo, dos processos pendentes nos Tribunais Militares (artigo 3º da Lei n.º 105/03, de 10 de Dezembro) e à paralela extinção destes.

Foi esta a ideia. E a obra aí está, ao fim e ao cabo, publicitária dos primeiros resultados do alargamento da jurisdição comum, ao mais alto nível, relativamente ao conhecimento de crimes estritamente militares.

2. Obra que não nasceu sozinha. Mas decorreu do contributo dos que nela participaram – quer na autoria, quer na coordenação – com todo o interesse moral, profissional e científico pela iniciativa.

([1]) **Próxima edição: Jurisdição Comunitária – O Processo Civil da União Europeia aplicado pelos Tribunais Portugueses.**

Interesse que se reforça com a mais valia que a publicação traz à comunidade jurídica e judiciária, e, em geral, a todos os interessados pela matéria. E reforça-se ainda, com o conforto resultante da gratuitidade da ajuda, quando o destino da receita prevista no contrato de edição, vai direito, em partes iguais, à Casa do Juiz, em Coimbra, e ao Circulo Cultural do Supremo Tribunal de Justiça, em Lisboa.

3. Consequentemente, serão pontos altos deste registo, a gratidão que nos merece a generosidade da participação que fica assinalada, e o desejo de que o seu trabalho encontre o melhor acolhimento possível nos destinatários, em função dos quais foi pensado.

Como pontos altos são ainda, a compreensão e o interesse do Senhor Presidente do Supremo – Conselheiro Nunes da Cruz – pelo surgimento e continuidade da iniciativa, em benefício da divulgação, em suporte de papel, da Jurisprudência do Tribunal, da Lei e da Doutrina, seleccionadas por áreas temáticas sobre as quais se tem pronunciado.

Lisboa, Novembro de 2005.

Neves Ribeiro

I.ª PARTE

A LEI

LEI N.º 100/2003, DE 15 DE NOVEMBRO

Aprova o novo Código de Justiça Militar e revoga a legislação existente sobre a matéria

A Assembleia da República decreta, nos termos da alínea c) do artigo 161.º da Constituição, para valer como lei geral da República, o seguinte:

Artigo 1.º

Objecto

É aprovado o Código de Justiça Militar, anexo à presente lei.

Artigo 2.º

Disposições revogatórias

1 – É revogado o Código de Justiça Militar em vigor, aprovado pelo Decreto-Lei n.º 141/77, de 9 de Abril, e alterado pelos Decretos-Leis n.ºs 319-A/77, de 5 de Agosto, 177/80, de 31 de Maio, 103/81, de 12 de Maio, 105/81, de 14 de Maio, 208/81, de 13 de Julho, 232/81, de 30 de Julho, 122/82, de 22 de Abril, e 146/82, de 28 de Abril.

2 – São revogadas todas as disposições de diplomas não enumerados no número anterior que sejam incompatíveis com o Código de Justiça Militar aprovado pela presente lei, bem como as constantes de legislação especial avulsa que proíbam ou restrinjam a suspensão da execução da pena de prisão.

3 – São revogados os artigos 237.º e 309.º a 315.º do Código Penal.

4 – É ainda revogado o artigo 49.º da Lei n.º 20/95, de 13 de Julho.

Artigo 3.º
Remissões

Consideram-se efectuadas para as correspondentes disposições do Código de Justiça Militar, cujo texto se publica em anexo, as remissões feitas para disposições do Código de Justiça Militar aprovado pelo Decreto-Lei n.º 141/77, de 9 de Abril.

Artigo 4.º
Conversão de penas

São convertidas em penas de prisão as penas de presídio militar, de prisão militar e de prisão maior que estejam a ser executadas no momento da entrada em vigor da presente lei.

Artigo 5.º
Liberdade condicional

Às penas que se encontrem em execução à data da entrada em vigor do Código de Justiça Militar aplica-se o regime de liberdade condicional nele previsto.

Artigo 6.º
Aplicação da lei processual penal no tempo

1 – As disposições processuais do Código de Justiça Militar são de aplicação imediata, sem prejuízo da validade dos actos realizados na vigência da lei anterior.

2 – Da aplicação imediata da nova lei processual penal fica ressalvada qualquer limitação dos direitos de defesa do arguido, aplicando-se a lei anterior com as necessárias adaptações.

3 – Fica ainda ressalvada a competência da Polícia Judiciária Militar para a investigação, sob a direcção das autoridades judiciárias competentes e ao abrigo das disposições aplicáveis do Código de Processo Penal e do Código de Justiça Militar, dos processos iniciados até ao início da vigência da presente lei.

Artigo 7.º
Alteração ao Código Penal

O artigo 308.º do Código Penal passa a ter a seguinte redacção:

«Artigo 308.º

Traição à Pátria

Aquele que, por meio de usurpação ou abuso de funções de soberania:

a) Tentar separar da Mãe-Pátria ou entregar a país estrangeiro ou submeter à soberania estrangeira todo o território português ou parte dele; ou

b) Ofender ou puser em perigo a independência do País;

é punido com pena de prisão de 10 a 20 anos.»

Artigo 8.º
Alterações ao Estatuto da Polícia Judiciária Militar

O artigo 5.º do Decreto-Lei n.º 200/2001, de 13 de Julho, passa a ter a seguinte redacção:

«Artigo 5.º

Competência em matéria de investigação criminal

1 – É da competência específica da Polícia Judiciária Militar a investigação dos crimes estritamente militares.

2 – A Polícia Judiciária Militar tem ainda competência reservada para a investigação de crimes cometidos no interior de unidades, estabelecimentos e órgãos militares.

3 – Os demais órgãos de polícia criminal devem comunicar de imediato à Polícia Judiciária Militar os factos de que tenham conhecimento relativos à preparação e execução de crimes referidos nos números anteriores, apenas podendo praticar, até à sua intervenção, os actos cautelares e urgentes para obstar à sua consumação e assegurar os meios de prova.

4 – O disposto no n.º 2 não prejudica a competência conferida à Guarda Nacional Republicana pela Lei da Organização da Investigação Criminal ou pela respectiva Lei Orgânica para a investigação de crimes comuns cometidos no interior dos seus estabelecimentos unidades e órgãos».

Artigo 9.º
Competências dos comandantes de região militar

Quando se verificar a extinção do cargo de comandante de região militar do Exército, sucede-lhe nas competências que lhe são atribuídas pelo Código de Justiça Militar em vigor o comandante de Pessoal do Exército.

Artigo 10.º
Legislação complementar e conexa

Devem ser adoptadas as providências necessárias e adequadas para que a entrada em vigor da presente lei seja precedida ou ocorra simultaneamente à publicação da respectiva legislação complementar, versando as matérias abaixo indicadas:

a) Regime de execução da pena de prisão imposta a militares a que se refere o artigo 16.º do Código de Justiça Militar;

b) Regulamentação das disposições pertinentes da Lei de Organização e Funcionamento dos Tribunais Judiciais.

Artigo 11.º

Entrada em vigor

O novo Código de Justiça Militar e a presente lei entram em vigor no dia 14 de Setembro de 2004.

Aprovada em 18 de Setembro de 2003.

O Presidente da Assembleia da República, *João Bosco Mota Amaral.*

Promulgada em 3 de Novembro de 2003.

Publique-se.

O Presidente da República, JORGE SAMPAIO.

Referendada em 4 de Novembro de 2003.

O Primeiro-Ministro, *José Manuel Durão Barroso.*

CÓDIGO DE JUSTIÇA MILITAR

LIVRO I

DOS CRIMES

TÍTULO I

PARTE GERAL

CAPÍTULO I

PRINCÍPIOS GERAIS

Artigo 1.º

Âmbito de aplicação

1 – O presente Código aplica-se aos crimes de natureza estritamente militar.

2 – Constitui crime estritamente militar o facto lesivo dos interesses militares da defesa nacional e dos demais que a Constituição comete às Forças Armadas e como tal qualificado pela lei.

Artigo 2.º

Aplicação da lei penal comum e aplicação subsidiária

1 – As disposições do Código Penal são aplicáveis aos crimes de natureza estritamente militar em tudo o que não for contrariado pela presente lei.

2 – As disposições desta lei são aplicáveis aos crimes de natureza estritamente militar puníveis por legislação de carácter especial, salvo disposição em contrário.

Artigo 3.º

Aplicação no espaço

1 – Salvo tratado ou convenção internacional em contrário, as disposições deste Código são aplicáveis quer os crimes sejam cometidos em território nacional quer em país estrangeiro.

2 – As disposições do presente Código só são aplicáveis a factos cometidos no estrangeiro e por estrangeiros desde que os respectivos agentes sejam encontrados em Portugal.

CAPÍTULO II

CONCEITOS

Artigo 4.º

Conceito de militar

1 – Para efeito deste Código, consideram-se militares:

a) Os oficiais, sargentos e praças dos quadros permanentes das Forças Armadas e da Guarda Nacional Republicana em qualquer situação;

b) Os oficiais, sargentos e praças não pertencentes aos quadros permanentes na efectividade de serviço;

c) Os alunos das escolas de formação de oficiais e sargentos.

2 – Os aspirantes a oficial consideram-se como oficiais, para efeitos penais.

Artigo 5.º

Superiores

Para efeitos de incriminação penal, não se consideram superiores os oficiais, sargentos e praças do mesmo posto, salvo se forem encarregados, permanente ou incidentalmente, de comando de qualquer serviço e durante a execução deste.

Artigo 6.º

Local de serviço

1 – Considera-se «local de serviço» qualquer instalação militar, plataforma de força militar, área ocupada por força militar ou onde decorram exercícios, manobras ou operações militares ou cuja defesa, protecção ou guarda esteja atribuída a militares ou forças militares.

2 – Por «força militar» entende-se qualquer conjunto de militares organizado em unidade ou grupo de unidades, incluindo a respectiva plataforma ou plataformas de combate ou de apoio, tais como navios, veículos terrestres, aeronaves ou outras, pronto ou em preparação para o cumprimento de missões de natureza operacional.

3 – Por «instalação militar» entende-se o quartel-general, quartel, base, posto, órgão, estabelecimento, centro, depósito, parque, perímetro defensivo, ponto sensível ou qualquer outra área ou infra-estrutura que se destine, temporária ou permanentemente, a qualquer tipo de serviço ou função militar.

Código de Justiça Militar 17

4 – Os navios, veículos terrestres ou aeronaves apresados ou, a qualquer título, incorporados nas Forças Armadas ou noutras forças militares são considerados como plataformas militares enquanto estiverem ao seu serviço ou guarda.

Artigo 7.º

Material de guerra

Para efeito do presente Código, considera-se material de guerra:

a) Armas de fogo portáteis e automáticas, tais como espingardas, carabinas, revólveres, pistolas, pistolas-metralhadoras e metralhadoras, com excepção das armas de defesa, caça, precisão e recreio, salvo se pertencentes ou afectas às Forças Armadas ou outras forças militares;

b) Material de artilharia, designadamente:

  i) Canhões, obuses, morteiros, peças de artilharia, armas anticarro, lança-foguetões, lança-chamas, canhões sem recuo;

  ii) Material militar para lançamento de fumo e gases;

c) Munições destinadas às armas referidas nas alíneas anteriores;

d) Bombas, torpedos, granadas, incluindo as fumígeras e as submarinas, potes de fumo, foguetes, minas, engenhos guiados e bombas incendiárias;

e) Aparelhos e dispositivos para uso militar especialmente concebidos para a manutenção, activação, despoletagem, detonação ou detecção dos artigos constantes da alínea anterior;

f) Material de direcção de tiro para uso militar, designadamente:

  i) Calculadores de tiro e aparelhos de pontaria em infravermelhos e outro material para pontaria nocturna;

  ii) Telémetros, indicadores de posição e altímetros;

  iii) Dispositivos de observação electrónicos e giroscópios, ópticos e acústicos;

  iv) Visores de pontaria, alças para canhão e periscópios para o material citado no presente artigo;

g) Veículos especialmente concebidos para uso militar e em especial:

  i) Carros de combate;

  ii) Veículos de tipo militar, couraçados ou blindados, incluindo os anfíbios;

  iii) Trens blindados;

  iv) Veículos militares com meia lagarta;

  v) Veículos militares para reparação dos carros de combate;

  vi) Reboques especialmente concebidos para o transporte das munições referidas nas alíneas c) e d);

h) Agentes tóxicos ou radioactivos, designadamente:
   i) Agentes tóxicos biológicos ou químicos e radioactivos adaptados para produzir, em caso de guerra, efeitos destrutivos nas pessoas, nos animais ou nas colheitas;
   ii) Material militar para a propagação, detecção e identificação das substâncias mencionadas na subalínea anterior;
   iii) Material de protecção contra as substâncias mencionadas na subalínea i);
   i) Pólvoras, explosivos e agentes de propulsão líquidos ou sólidos, nomeadamente:
   i) Pólvoras e agentes de propulsão líquidos ou sólidos especialmente concebidos e fabricados para o material mencionado nas alíneas c), d) e na alínea anterior;
   ii) Explosivos militares;
   iii) Composições incendiárias e congelantes para uso militar;
   j) Navios de guerra de qualquer tipo e seus equipamentos especializados, tais como:
   i) Sistemas de armas e sensores;
   ii) Equipamentos especialmente concebidos para o lançamento e contramedidas de minas;
   iii) Redes submarinas;
   iv) Material de mergulho;
   l) Aeronaves militares de qualquer tipo e todos os seus equipamentos e sistemas de armas;
   m) Equipamentos para as funções militares de comando, controlo, comunicações e informações;
   n) Aparelhos de observação e registo de imagens especialmente concebidos para uso militar;
   o) Equipamentos para estudos e levantamentos hidrográficos, oceanográficos e cartográficos de interesse militar;
   p) Partes e peças especializadas do material constante do presente artigo, desde que tenham carácter militar;
   q) Máquinas, equipamento e ferramentas exclusivamente concebidas para o estudo, fabrico, ensaio e controlo das armas, munições e engenhos para uso exclusivamente militar constantes do presente artigo;
   r) Qualquer outro bem pertencente às Forças Armadas ou outras forças militares cuja falta cause comprovados prejuízos à operacionalidade dos meios.

Artigo 8.º

Crimes cometidos em tempo de guerra

São considerados crimes cometidos em tempo de guerra os perpetrados estando Portugal em estado de guerra declarada com país estrangeiro.

Artigo 9.º

Equiparação a crimes cometidos em tempo de guerra

Para efeitos de aplicação do disposto no livro I e nos capítulos I a V do livro II deste Código, consideram-se, com as necessárias adaptações, equivalentes a crimes cometidos em tempo de guerra os perpetrados em estado de sítio ou em ocasião que pressuponha a aplicação das convenções de Genebra para a protecção das vítimas de guerra, bem como os relacionados com o empenhamento das Forças Armadas ou de outras forças militares em missões de apoio à paz, no âmbito dos compromissos internacionais assumidos pelo Estado Português.

Artigo 10.º

Prisioneiros de guerra e equiparados

1 – Em tempo de guerra, os militares prisioneiros de guerra ficam sujeitos às autoridades militares portuguesas e são tratados, para efeitos penais, consoante o seu posto.

2 – Para efeitos da prática de algum dos crimes previstos no capítulo VI do título II do livro I deste Código, os prisioneiros de guerra e os civis estrangeiros sujeitos, em tempo de guerra, às autoridades militares portuguesas são considerados como subordinados de qualquer militar português que os tiver prendido ou à ordem de quem estiverem.

Artigo 11.º

Crimes contra a segurança e bens de país aliado

Salvo tratado ou convenção internacional em contrário, as disposições dos artigos 68.º a 70.º e das secções III e IV do capítulo V do título II do livro I deste Código são aplicáveis aos factos praticados em território nacional e em prejuízo da segurança de país aliado ou contra os seus bens militares, havendo reciprocidade, ou de grupo, organização ou aliança de que Portugal faça parte.

CAPÍTULO III

Das formas do crime e das causas de exclusão da responsabilidade criminal

Artigo 12.º

Punição da tentativa

A tentativa de crimes estritamente militares é punível qualquer que seja a pena aplicável ao crime consumado.

Artigo 13.º

Perigo

O perigo iminente de um mal igual ou maior não exclui a responsabilidade do militar que pratica o facto ilícito, quando este consista na violação de dever militar cuja natureza exija que suporte o perigo que lhe é inerente.

CAPÍTULO IV

DAS PENAS

SECÇÃO I

PENA PRINCIPAL

Artigo 14.º

Pena de prisão

1 – O crime estritamente militar é punível com pena de prisão.

2 – A pena de prisão tem a duração mínima de 1 mês e a duração máxima de 25 anos.

3 – Em caso algum pode ser excedido o limite máximo referido no número anterior.

Artigo 15.º

Execução da pena de prisão

1 – O cumprimento da pena de prisão aplicada a militar é efectuado em estabelecimento prisional militar.

2 – A execução da pena de prisão aplicada a militares é regulada em legislação própria, na qual são fixados os deveres e os direitos dos reclusos.

Código de Justiça Militar

Artigo 16.º
Liberdade condicional

1 – Aos condenados na pena de prisão de duração inferior a 2 anos pode, para além do disposto no Código Penal, ser ainda concedida liberdade condicional, encontrando-se cumpridos 6 meses da pena, quando tenham praticado um acto de valor ou prestado serviços relevantes.

2 – O condenado que for posto em liberdade condicional regressa à situação militar que tinha à data da condenação, sem prejuízo da pena acessória que lhe tenha sido imposta.

3 – O serviço militar efectivo prestado durante o período de liberdade condicional é contado para todos os efeitos legais.

SECÇÃO II

PENAS DE SUBSTITUIÇÃO, PENAS ACESSÓRIAS E EFEITOS DAS PENAS

Artigo 17.º
Penas de substituição

1 – Os pressupostos e o regime da suspensão da pena de prisão são os regulados no Código Penal, devendo os deveres e regras de conduta aplicados a militares ser adequados à condição militar e, em especial, à prestação de serviço efectivo.

2 – A pena de multa é aplicável como pena de substituição da pena de prisão nos termos e condições previstos no Código Penal.

Artigo 18.º
Reserva compulsiva

1 – A pena acessória de reserva compulsiva consiste na passagem do militar dos quadros permanentes à situação de reserva, desde que possua o tempo mínimo de serviço previsto no estatuto respectivo.

2 – A reserva compulsiva tem os efeitos previstos no Estatuto dos Militares das Forças Armadas e no Estatuto dos Militares da Guarda Nacional Republicana para a situação de reserva.

Artigo 19.º
Expulsão

1 – A pena acessória de expulsão consiste na irradiação do condenado das fileiras das Forças Armadas ou de outras forças militares, com perda

da condição militar, assim como do direito de usar medalhas militares e de haver recompensas, tornando-o inábil para o serviço militar.

2 – A pena acessória de expulsão só é aplicável aos militares dos quadros permanentes ou em regime de contrato ou voluntariado.

Artigo 20.º
Aplicação das penas acessórias

1 – As penas acessórias são aplicadas na sentença condenatória e executam-se com o respectivo trânsito em julgado.

2 – A pena acessória de expulsão pode ser aplicada ao militar condenado em pena de prisão superior a 8 anos:

a) Que tiver praticado o crime com flagrante e grave abuso da função que exerce ou com manifesta e grave violação dos deveres que lhe são inerentes; ou

b) Cujo crime revele ser ele incapaz ou indigno de pertencer às Forças Armadas ou a outras forças militares ou implique a perda de confiança necessária ao exercício da função militar.

3 – Verificadas as condições das alíneas a) ou b) do número anterior, pode ser aplicada ao militar a pena acessória de reserva compulsiva, desde que tenha sido condenado em pena de prisão superior a 5 anos.

4 – Sempre que um militar for condenado pela prática de crime estritamente militar, o tribunal comunica a condenação à autoridade militar de que aquele depender.

Artigo 21.º
Suspensão do exercício de funções militares

1 – O militar definitivamente condenado a pena de prisão e ao qual não tenha sido aplicada pena acessória ou que não tenha sido disciplinarmente separado do serviço incorre na suspensão do exercício de funções militares, ficando na situação de inactividade temporária enquanto durar o cumprimento da pena.

2 – O tempo em cumprimento da pena de prisão não conta como tempo de serviço militar.

SECÇÃO III
MEDIDA DA PENA

Artigo 22.º
Determinação da medida da pena

Na determinação concreta da pena por crime estritamente militar, para além dos critérios previstos no Código Penal, o tribunal atende a todas as

Código de Justiça Militar

circunstâncias que, não fazendo parte do tipo de crime, depuserem a favor do agente ou contra ele, considerando, nomeadamente:

a) O comportamento militar anterior;

b) O tempo de serviço efectivo;

c) Ser o crime cometido em tempo de guerra;

d) Ser o crime cometido no exercício de funções e por causa delas;

e) Ser o crime cometido em formatura ou em outro local de serviço onde se encontrem 10 ou mais militares que tenham presenciado o crime, não se compreendendo neste número os agentes do crime;

f) Ser o agente do crime comandante ou chefe, quando o facto se relacione com o exercício das suas funções;

g) Ser o crime cometido em presença de algum superior de graduação não inferior a sargento;

h) A maior graduação ou antiguidade no mesmo posto, em caso de comparticipação;

i) A persistência na prática do crime, depois de o agente haver sido pessoalmente advertido para a ilicitude do seu comportamento ou intimado a mudá-lo por ordem de superior hierárquico;

j) A prestação de serviços relevantes e a prática de actos de valor;

l) O cumprimento de ordem do superior hierárquico do agente, quando não baste para excluir a responsabilidade ou a culpa;

m) Ser o crime de insubordinação provocado por abuso de autoridade, quando não baste para justificar o facto;

n) Ser o crime de abuso de autoridade provocado por insubordinação, quando não baste para justificar o facto.

Artigo 23.º

Serviços relevantes e actos de assinalado valor

Os serviços militares relevantes em tempo de guerra e os actos de assinalado valor a todo o tempo, como tais qualificados no Diário da República ou quaisquer ordens de serviço, com referência individual, podem, se praticados depois do crime, ser considerados pelos tribunais como circunstância atenuante de natureza especial ou, sendo a pena abstractamente aplicável inferior a 5 anos, de dispensa de pena.

Artigo 24.º

Reincidência

1 – É punível como reincidente aquele que, por si ou sob qualquer forma de comparticipação, cometer um crime doloso estritamente militar que deva

ser punido com prisão efectiva superior a 6 meses, depois de ter sido condenado por sentença transitada em julgado em pena de prisão efectiva superior a 6 meses por outro crime de idêntica natureza, se, de acordo com as circunstâncias do caso, o agente for de censurar por a condenação ou as condenações anteriores não lhe terem servido de suficiente advertência contra o crime.

2 – O crime anterior por que o agente tenha sido condenado não releva para a reincidência se entre a sua prática e a do crime seguinte tiverem decorrido mais de 10 anos, não se computando neste prazo o tempo durante o qual o agente tenha cumprido medida processual, pena ou medida de segurança privativas da liberdade.

3 – A reincidência entre crimes estritamente militares e crimes comuns opera nos termos previstos no Código Penal.

TÍTULO II
PARTE ESPECIAL

CAPÍTULO I
DOS CRIMES CONTRA A INDEPENDÊNCIA E A INTEGRIDADE NACIONAIS

SECÇÃO I
TRAIÇÃO

Artigo 25.º

Traição à Pátria

Aquele que, por meio de violência ou ameaça de violência:

a) Tentar separar da Mãe-Pátria ou entregar a país estrangeiro ou submeter à soberania estrangeira todo o território português ou parte dele; ou

b) Ofender ou puser em perigo a independência do País;

é punido com pena de prisão de 15 a 25 anos.

Artigo 26.º

Serviço militar em forças armadas inimigas

1 – Aquele que, sendo português, tomar armas debaixo de bandeira de nação estrangeira contra Portugal é punido com pena de prisão de 5 a 15 anos.

Código de Justiça Militar   25

2 – Se o agente for militar e, em tempo de guerra:

a) Combater contra a Pátria;

b) Se alistar nas forças armadas do inimigo;

c) Se passar para o inimigo, com a intenção de o servir;

é punido com pena de prisão de 15 a 25 anos, no caso da alínea a), de 12 a 20 anos, no caso da alínea b), e de 5 a 12 anos, no caso da alínea c).

3 – Se, antes das hostilidades ou da declaração de guerra, o agente estiver ao serviço de Estado inimigo com autorização do Governo Português, a pena pode ser especialmente atenuada.

Artigo 27.º

Favorecimento do inimigo

1 – Aquele que, sendo português, estrangeiro ou apátrida residindo ou encontrando-se em Portugal, em tempo de guerra, com intenção de favorecer, de ajudar a execução de operações militares inimigas ou de causar prejuízo à defesa militar portuguesa, tiver com o estrangeiro, directa ou indirectamente, entendimentos ou praticar actos com vista aos mesmos fins é punido com pena de prisão de 12 a 20 anos.

2 – Se os actos referidos no número anterior consistirem em:

a) Evitar entrar em combate ou entregar ao inimigo ou abandonar a força ou instalação militar sob o seu comando, material de guerra ou quaisquer outros meios utilizáveis em operações;

b) Desviar da sua missão ou destino qualquer força militar que comande, pilote ou conduza;

c) Arriar a bandeira nacional sem ordem do comandante, dando assim a entender que a força respectiva se rendeu;

d) Prestar a outros militares nacionais informações erradas acerca das operações;

o agente é punido com pena de prisão de 15 a 25 anos.

3 – Se os fins referidos nos números anteriores não forem atingidos ou o prejuízo for pouco significativo, a pena pode ser especialmente atenuada.

Artigo 28.º

Inteligências com o estrangeiro para provocar guerra

1 – Aquele que tiver inteligências com governo de Estado estrangeiro, com partido, associação, instituição ou grupo estrangeiros ou com algum agente seu, com intenção de promover ou provocar guerra ou acção armada contra Portugal é punido com pena de prisão de 5 a 15 anos.

26 Selecção Temática de Jurisprudência do Supremo Tribunal de Justiça

2 – Se à conduta descrita no número anterior se não seguir o efeito nele previsto, o agente é punido com pena de prisão de 3 a 10 anos.

Artigo 29.º

Prática de actos adequados a provocar guerra

1 – Aquele que, sendo português ou estrangeiro ou apátrida residindo ou encontrando-se em Portugal, praticar actos não autorizados pelo Governo Português e adequados a expor o Estado Português a declara-ção de guerra ou a acção armada é punido com pena de prisão de 3 a 10 anos.

2 – Se à conduta descrita no número anterior se não seguir o efeito nele previsto, o agente é punido com pena de prisão até 2 anos.

Artigo 30.º

Inteligências com o estrangeiro para constranger o Estado Português

1 – Aquele que tiver inteligências com governo de Estado estrangeiro, com partido, associação, instituição ou grupo estrangeiros ou com agente seu, com intenção de constranger o Estado Português a:

a) Declarar a guerra;

b) Não declarar ou não manter a neutralidade;

c) Declarar ou manter a neutralidade; ou

d) Sujeitar-se a ingerência de Estado estrangeiro nos negócios portu-gueses adequada a pôr em perigo a independência ou a integridade de Portugal;

é punido com pena de prisão de 2 a 8 anos.

2 – Aquele que, com a intenção referida no número anterior, publica-mente fizer ou divulgar afirmações que sabe serem falsas ou grosseiramente deformadas é punido com pena de prisão até 5 anos.

3 – Aquele que, directa ou indirectamente, receber ou aceitar promessa de dádiva para facilitar ilegítima ingerência estrangeira nos negócios portu-gueses, adequada a pôr em perigo a independência ou a integridade de Portugal, é punido com pena de prisão até 5 anos.

4 – Se às condutas descritas nos números anteriores se não seguirem os efeitos neles previstos, a pena é especialmente atenuada.

Artigo 31.º

Campanha contra o esforço de guerra

Aquele que, sendo português, estrangeiro ou apátrida residindo ou encontrando-se em Portugal, fizer ou reproduzir publicamente, em tempo

Código de Justiça Militar

de guerra, afirmações que sabe serem falsas ou grosseiramente deformadas, com intenção de impedir ou perturbar o esforço de guerra de Portugal ou de auxiliar ou fomentar operações inimigas, é punido com pena de prisão de 1 a 5 anos.

Artigo 32.º

Serviços ilegítimos a Estados, forças ou organizações estrangeiras

O militar que, em tempo de paz e sem autorização, se colocar ao serviço de Estado, forças ou organizações estrangeiras, contra os interesses da defesa nacional, é punido com pena de prisão de 2 a 8 anos.

SECÇÃO II

VIOLAÇÃO DE SEGREDO

Artigo 33.º

Violação de segredo de Estado

1 – Aquele que, pondo em perigo interesses militares do Estado Português relativos à independência nacional, à unidade e à integridade do Estado ou à sua segurança interna e externa, transmitir, tornar público ou revelar a pessoa não autorizada facto ou documento, plano ou objecto, que devam, em nome daqueles interesses, manter-se secretos é punido com pena de prisão de 2 a 8 anos.

2 – Aquele que destruir ou por qualquer modo inutilizar, subtrair ou falsificar documento, plano ou objecto referido no número anterior, pondo em perigo interesses no mesmo número indicados, é punido com pena de prisão de 2 a 8 anos.

3 – Se o agente praticar facto descrito nos números anteriores, violando dever especificamente imposto pelo estatuto da sua função ou serviço ou da missão que lhe foi conferida por autoridade competente, é punido com pena de prisão de 3 a 10 anos.

4 – Se o agente praticar por negligência os factos referidos nos n.ºs 1 e 2, tendo acesso aos objectos ou segredos de Estado em razão da sua função ou serviço ou da missão que lhe foi conferida por autoridade competente, é punido com pena de prisão até 3 anos.

Artigo 34.º

Espionagem

1 – Aquele que:

a) Colaborar com governo, associação, organização ou serviço de informações estrangeiros ou com agente seu com intenção de praticar facto referido no artigo anterior;

b) Se introduzir em algum ponto de interesse para as operações militares com o fim de obter informações de qualquer género destinadas ao inimigo;

c) Com o mesmo fim, e seja por que forma for, procurar informações que possam afectar, no todo ou em parte, o êxito das operações ou a segurança de unidades, estabelecimentos, forças militares ou quaisquer pontos de interesse para a segurança militar como tal qualificados por lei;

d) Recrutar, acolher ou fizer acolher agente que pratique facto referido no artigo anterior ou nas alíneas anteriores, conhecendo a sua qualidade, ou de qualquer modo favorecer a prática de tal facto;

é punido com pena de prisão de 3 a 10 anos, em tempo de paz, e de 5 a 15 anos, em tempo de guerra.

2 – Se o agente praticar facto descrito no número anterior violando dever especificamente imposto pelo estatuto da sua função ou serviço ou da missão que lhe foi conferida por autoridade competente, é punido com pena de prisão de 5 a 15 anos, em tempo de paz, e de 8 a 16 anos, em tempo de guerra.

Artigo 35.º
Revelação de segredos

Aquele que, sem intenção de trair, revelar a qualquer pessoa não autorizada o santo, senha, contra-senha, decisão ou ordem relativa ao serviço é condenado:

a) Em tempo de guerra, na pena de 1 a 4 anos de prisão;

b) Em tempo de paz, na pena de 1 mês a 1 ano de prisão.

SECÇÃO III

INFIDELIDADE NO SERVIÇO MILITAR

Artigo 36.º
Corrupção passiva para a prática de acto ilícito

1 – Aquele que, integrado ou ao serviço das Forças Armadas ou de outras forças militares, por si ou por interposta pessoa com o seu consentimento ou ratificação, solicitar ou aceitar, para si ou para terceiro, sem que lhe seja devida, vantagem patrimonial ou não patrimonial ou a sua pro-

Código de Justiça Militar   29

messa, como contrapartida de acto ou omissão contrários aos deveres do cargo e de que resulte um perigo para a segurança nacional, é punido com pena de prisão de 2 a 10 anos.

2 – Se o agente, antes da prática do facto, voluntariamente repudiar o oferecimento ou a promessa que acertara ou restituir a vantagem ou, tratando-se de coisa fungível, o seu valor, é dispensado de pena.

3 – Consideram-se ao serviço das Forças Armadas ou de outras forças militares os civis que sejam seus funcionários, no sentido do artigo 386.º do Código Penal, e integradas as pessoas referidas no artigo 4.º

Artigo 37.º

Corrupção activa

1 – Aquele que, por si ou por interposta pessoa, com o seu consentimento ou ratificação, der ou prometer a qualquer pessoa integrada ou ao serviço das Forças Armadas ou de outras forças militares, ou a terceiro com conhecimento daquele, vantagem patrimonial ou não patrimonial que lhe não seja devida, com o fim indicado no artigo anterior e de que resulte perigo para a segurança nacional, é punido com pena de prisão de 1 a 6 anos.

2 – Se o agente dos crimes referidos no número anterior for oficial de graduação superior à do militar a quem procurar corromper ou exercer sobre o mesmo funções de comando ou chefia, o limite mínimo da pena aplicável é agravado para o dobro.

CAPÍTULO II

CRIMES CONTRA OS DIREITOS DAS PESSOAS

SECÇÃO I

CRIMES DE GUERRA

Artigo 38.º

Incitamento à guerra

Aquele que, sendo português, estrangeiro ou apátrida residindo ou encontrando-se em Portugal, pública e repetidamente, incitar ao ódio contra um povo, com intenção de desencadear uma guerra, é punido com pena de prisão de 3 meses a 6 anos.

Artigo 39.º

Aliciamento de forças armadas ou de outras forças militares

Aquele que intentar o recrutamento de elementos das Forças Armadas ou de outras forças militares para uma guerra contra Estado ou território estrangeiros, pondo em perigo a convivência pacífica entre os povos, é punido com pena de prisão de 1 a 5 anos.

Artigo 40.º

Prolongamento de hostilidade

O chefe militar que, sem motivo justificado, prolongar as hostilidades depois de ter conhecimento oficial da paz, armistício, capitulação ou suspensão de armas ajustada com o inimigo é condenado na pena de 5 a 12 anos de prisão.

Artigo 41.º

Crimes de guerra contra as pessoas

1 – Aquele que, sendo português, estrangeiro ou apátrida residindo ou encontrando-se em Portugal, ou contra essas pessoas, em tempo de guerra, praticar ou mandar praticar sobre a população civil, sobre feridos, doentes, náufragos, prisioneiros ou qualquer das pessoas especialmente indicadas no presente capítulo:

a) Homicídio;

b) Tortura ou tratamentos cruéis, degradantes ou desumanos, incluindo as experiências biológicas;

c) Submissão de pessoas que se encontrem sob o domínio de uma parte beligerante a mutilações físicas ou a qualquer tipo de experiências médicas ou científicas que não sejam motivadas por um tratamento médico, dentário ou hospitalar nem sejam efectuadas no interesse dessas pessoas e que causem a morte ou façam perigar seriamente a sua saúde;

d) Actos que causem grande sofrimento ou ofensas à integridade física ou à saúde;

e) Homicídio ou provocar ferimentos a um combatente que tenha deposto armas ou que, não tendo meios para se defender, se tenha incondicionalmente rendido ou por qualquer modo colocado fora de combate;

f) Tomada de reféns;

g) Pela força, ameaça de força ou outra forma de coacção ou aproveitando uma situação de coacção ou a incapacidade de autodeterminação da vítima:

Código de Justiça Militar 31

    i) Causar a penetração, por insignificante que seja, em qualquer parte do corpo da vítima ou do agente, de qualquer parte do corpo do agente, da vítima, de terceiro ou de um objecto;

    ii) Constranger uma pessoa, reduzida ao estado ou à condição de escravo, a praticar actos de natureza sexual;

    iii) Constranger uma pessoa a prostituir-se;

    iv) Provocar a gravidez de uma mulher com intenção de, desse modo, modificar a composição étnica de uma população;

    v) Privar uma pessoa da capacidade biológica de reproduzir;

    vi) Outras formas de violência no campo sexual de gravidade comparável que constituam também uma violação grave das convenções de Genebra;

h) Recrutamento ou alistamento de menores de 18 anos nas Forças Armadas nacionais ou utilização activa dos mesmos nas hostilidades;

i) Constrangimento a servir nas forças armadas inimigas; ou

j) Restrições graves, prolongadas e injustificadas da liberdade das pessoas;

é punido com pena de prisão de 10 a 25 anos.

2 – A pena é agravada de um quinto no seu limite mínimo quando os actos referidos no número anterior forem praticados sobre membros de instituição humanitária.

Artigo 42.º

Crimes de guerra por utilização de métodos de guerra proibidos

Aquele que, sendo português, estrangeiro ou apátrida residindo ou encontrando-se em Portugal, ou contra essas pessoas, em tempo de guerra:

a) Atacar a população civil em geral ou civis que não participem directamente nas hostilidades;

b) Atacar bens civis, ou seja, bens que não sejam objectivos militares;

c) Atacar, por qualquer meio, aglomerados populacionais, habitações ou edifícios que não estejam defendidos e que não sejam objectivos militares;

d) Lançar um ataque indiscriminado, que atinja a população civil ou bens de carácter civil, sabendo que esse ataque causará perdas de vidas humanas, ferimentos em pessoas civis ou danos em bens de carácter civil que sejam excessivos;

e) Aproveitar a presença de civis ou de outras pessoas protegidas para evitar que determinados pontos, zonas ou forças militares sejam alvo de operações militares;

32   *Selecção Temática de Jurisprudência do Supremo Tribunal de Justiça*

f) Provocar deliberadamente a inanição da população civil como método de fazer a guerra, privando-a dos bens indispensáveis à sua sobrevivência, nomeadamente impedindo o envio de socorros, tal como previsto nas convenções de Genebra;

g) Declarar ou ameaçar, na qualidade de oficial, que não será dado abrigo;

h) Matar ou ferir à traição combatentes inimigos;

i) Lançar um ataque podendo saber que o mesmo causará prejuízos extensos, duradouros e graves no meio ambiente que se revelem claramente excessivos em relação à vantagem militar global concreta e directa que se previa;

j) Cometer perfídia, entendida como o acto de matar, ferir ou capturar, apelando, com intenção de enganar, à boa fé de um adversário para lhe fazer crer que tem o direito de receber ou a obrigação de assegurar a protecção prevista pelas regras do direito internacional humanitário; é punido com pena de prisão de 10 a 25 anos.

Artigo 43.º

Crimes de guerra por utilização de meios de guerra proibidos

1 – Aquele que, sendo português, estrangeiro ou apátrida residindo ou encontrando-se em Portugal, ou contra essas pessoas, em tempo de guerra, empregar armas, projécteis, materiais e métodos de combate que, pela sua própria natureza, causem ferimentos supérfluos ou sofrimentos desnecessários ou que provoquem efeitos indiscriminados, em violação do direito internacional aplicável aos conflitos armados, é punido com pena de prisão de 10 a 25 anos.

2 – O número anterior abrange designadamente a utilização de:

a) Veneno ou armas envenenadas;

b) Gases asfixiantes, tóxicos ou similares ou qualquer líquido, material ou dispositivo análogo;

c) Balas que se expandem ou achatam facilmente no interior do corpo humano, tais como balas de revestimento duro que não cobre totalmente o interior ou possui incisões;

d) Minas antipessoal, em violação do disposto na Convenção sobre a Proibição da Utilização, Armazenagem, Produção e Transferência de Minas Antipessoal e sobre a Sua Destruição, ratificada pelo Decreto do Presidente da República n.º 64/99, de 28 de Janeiro, publicado no Diário da República, 1.ª série-A, n.º 23, de 28 de Janeiro de 1999;

e) Armas químicas, em violação do disposto na Convenção sobre a Proibição do Desenvolvimento, Produção, Armazenagem e Utilização de Armas

Químicas e sobre a Sua Destruição, ratificada pelo Decreto do Presidente da República n.º 25-C/96, de 23 de Julho, publicado no suplemento ao Diário da República, 1.ª série-A, n.º 169, de 23 de Julho de 1996;

f) Armas cujo efeito principal seja ferir com estilhaços não localizáveis pelos raios X no corpo humano, em violação do disposto no I Protocolo Adicional à Convenção sobre a Proibição ou Limitação do Uso de Certas Armas Convencionais Que Podem Ser Consideradas como Produzindo Efeitos Traumáticos Excessivos ou Ferindo Indiscriminadamente, Relativo aos Estilhaços não Localizáveis, ratificado pelo Decreto do Presidente da República n.º 1/97, de 13 de Janeiro, publicado no Diário da República, 1.ª série-A, n.º 10, de 13 de Janeiro de 1997;

g) Armas incendiárias, em violação do disposto no III Protocolo Adicional à Convenção sobre a Proibição ou Limitação do Uso de Certas Armas Convencionais Que Podem Ser Consideradas como Produzindo Efeitos Traumáticos Excessivos ou Ferindo Indiscriminadamente, sobre a Proibição ou Limitação do Uso de Armas Incendiárias, ratificado pelo Decreto do Presidente da República n.º 1/97, de 13 de Janeiro, publicado no Diário da República, 1.ª série-A, n.º 10, de 13 de Janeiro de 1997;

h) Armas laser que causem a cegueira, em violação do disposto no IV Protocolo Adicional à Convenção sobre a Proibição ou Limitação do Uso de Certas Armas Convencionais Que Podem Ser Consideradas como Produzindo Efeitos Traumáticos Excessivos ou Ferindo Indiscriminadamente, sobre Armas Laser Que Causam a Cegueira, ratificado pelo Decreto do Presidente da República n.º 38/2001, de 13 de Julho, publicado no Diário da República, 1.ª série-A, n.º 161, de 13 de Julho de 2001.

Artigo 44.º

Crimes de guerra por ataque a instalações ou pessoal de assistência sanitária

1 – Aquele que, sendo português, estrangeiro ou apátrida residindo ou encontrando-se em Portugal, ou contra essas pessoas, em tempo de guerra, atacar intencionalmente:

a) Edifícios, instalações e material de assistência sanitária ou qualquer veículo exclusivamente destinado ao transporte ou tratamento de feridos, uns e outros devidamente assinalados com os emblemas distintivos das convenções de Genebra ou pessoal habilitado a usar os mesmos emblemas;

b) Edifícios, instalações ou material, unidades ou veículos que integrem missão de manutenção de paz ou de assistência humanitária, de acordo com a Carta das Nações Unidas, sempre que estes estejam abrangidos pela protecção conferida pelo direito internacional humanitário aos civis ou bens civis;

é punido com pena de prisão de 10 a 20 anos.

2 – A pena é agravada de um quinto no seu limite mínimo se o agente causar a morte ou lesão grave de qualquer pessoa.

3 – Aquele que, em tempo de guerra, impedir qualquer das pessoas referidas no n.º 1 de exercer as suas funções é punido com pena de prisão de 1 mês a 3 anos.

4 – Se em resultado da acção referida no número anterior resultar a morte ou grave lesão de pessoa não assistida, é aplicada a pena de prisão de 2 a 8 anos.

Artigo 45.º

Crimes contra feridos ou prisioneiros de guerra

1 – Aquele que, sendo português, estrangeiro ou apátrida residindo ou encontrando-se em Portugal, ou contra essas pessoas, em tempo de guerra e fora dos casos referidos no artigo 41.º:

a) Empregar violência contra ferido ou prisioneiro de guerra para o despojar de objectos ou valores que não sejam armas ou material de uso operacional ou para qualquer outro fim ilícito; ou

b) Subtrair fraudulentamente alguma coisa às pessoas indicadas na alínea anterior;

é punido com pena de prisão de 4 a 10 anos, no caso da alínea a), e de 2 a 8 anos, no caso da alínea b), se pena mais grave lhe não couber por força de outra disposição legal.

2 – É correspondentemente punido com as mesmas penas aquele que praticar qualquer dos factos referidos na alínea b) do número anterior contra as pessoas referidas no artigo 50.º

Artigo 46.º

Crimes de guerra contra o património

Aquele que, sendo português, estrangeiro ou apátrida residindo ou encontrando-se em Portugal, ou contra essas pessoas, em tempo de guerra:

a) Subtrair, destruir ou danificar bens patrimoniais em larga escala ou de grande valor, sem necessidade militar e de forma ilegal e arbitrária;

b) Atacar, destruindo ou danificando, edifícios consagrados ao culto religioso, à educação, às artes, às ciências ou à beneficência, monumentos

Código de Justiça Militar

culturais ou históricos, sítios arqueológicos, sempre que não se trate de objectivos militares;

c) Saquear um local ou aglomerado populacional, mesmo quando tomados de assalto;

é punido com pena de prisão de 5 a 15 anos.

Artigo 47.º

Utilização indevida de insígnias ou emblemas distintivos

1 – Aquele que, sendo português, estrangeiro ou apátrida residindo ou encontrando-se em Portugal, ou contra essas pessoas, em tempo de guerra, com perfídia, utilizar indevidamente uma bandeira de tréguas, a Bandeira Nacional, as insígnias militares ou o uniforme das Nações Unidas ou do inimigo, assim como os emblemas distintivos das convenções de Genebra, causando deste modo a morte ou lesões graves, é punido com pena de prisão de 10 a 25 anos.

2 – Se as condutas a que se refere o número anterior forem praticadas sem perfídia, é aplicada a pena de 1 a 5 anos.

Artigo 48.º

Responsabilidade do superior

O superior hierárquico que, tendo, ou devendo ter, conhecimento de que um subordinado está cometendo ou se prepara para cometer qualquer dos crimes previstos no presente capítulo, não adopte as medidas necessárias e adequadas para prevenir ou reprimir a sua prática ou para a levar ao conhecimento imediato das autoridades competentes é punido com a pena correspondente ao crime ou crimes que vierem efectivamente a ser cometidos.

Artigo 49.º

Disposições comuns

1 – O procedimento criminal e as penas impostas pelos crimes previstos nos artigos 41.º a 44.º e 46.º a 48.º são imprescritíveis.

2 – É correspondentemente aplicável aos crimes a que se refere o número anterior o disposto no artigo 246.º do Código Penal.

SECÇÃO II

CRIMES EM ABOLETAMENTO

Artigo 50.º

Homicídio em aboletamento

O militar que, em tempo de guerra, matar o dono da casa em que estiver aboletado ou que tenha sido requisitada para o serviço, ou alguma pessoa que nela habite, é punido com pena de prisão de 15 a 25 anos, salvo se das circunstâncias não resultar especial censurabilidade ou perversidade do agente.

Artigo 51.º

Ofensas à integridade física em aboletamento

1 – O militar que, em tempo de guerra, produzir ofensas no corpo ou na saúde de alguma das pessoas referidas no artigo anterior é punido com pena de prisão de 1 a 4 anos.

2 – Se a ofensa for de forma a:

a) Privar o ofendido de importante órgão ou membro ou a desfigurá--lo permanentemente;

b) Tirar ou afectar, de maneira grave, a capacidade de trabalho, as capacidades intelectuais ou de procriação ou a possibilidade de utilizar o corpo, os sentidos ou a linguagem;

c) Provocar doença particularmente dolorosa ou permanente ou anomalia psíquica grave ou incurável;

d) Provocar perigo para a vida;

o agente é punido com pena de prisão de 5 a 12 anos.

Artigo 52.º

Agravação pelo resultado

1 – O militar que, em tempo de guerra, praticar as ofensas previstas no artigo anterior e vier a produzir-lhe a morte é punido:

a) Com pena de prisão de 2 a 8 anos, no caso do n.º 1 do artigo anterior;

b) Com pena de prisão de 8 a 16 anos, no caso do n.º 2 do artigo anterior.

2 – O militar que praticar as ofensas previstas no n.º 1 do artigo anterior e vier a produzir as ofensas previstas no n.º 2 do mesmo artigo é punido com pena de prisão de 2 a 6 anos.

Código de Justiça Militar 37

Artigo 53.º

Roubo ou extorsão em aboletamento

1 – O militar que, em tempo de guerra e contra as pessoas referidas no artigo 50.º, cometer os crimes de roubo ou de extorsão é punido com pena de prisão de 2 a 8 anos, em caso de roubo, e de 2 a 6 anos, em caso de extorsão.

2 – Sendo a coisa subtraída de valor elevado, o agente é condenado na pena de 4 a 10 anos de prisão.

3 – A pena de prisão de 5 a 15 anos é aplicada se:

a) Qualquer dos agentes produzir perigo para a vida da vítima ou lhe infligir, ainda que por negligência, ofensa grave à integridade física;

b) O valor da coisa subtraída ou extorquida for consideravelmente elevado.

4 – Se do facto resultar a morte de outra pessoa, é aplicada a pena de prisão de 8 a 16 anos.

SECÇÃO III

OUTROS CRIMES

Artigo 54.º

Ofensas a parlamentário

O militar que produzir ofensas no corpo ou na saúde ou injuriar algum parlamentário é punido com pena de prisão de 2 a 8 anos, se pena mais grave lhe não couber por força de outra disposição legal.

Artigo 55.º

Violação de salvaguarda

O militar que violar injustificadamente a salvaguarda concedida a alguma pessoa ou lugar, depois de lhe ter sido dada a conhecer, é punido com pena de prisão de 1 mês a 1 ano, salvo se, por qualquer outro acto de violência, incorrer em pena mais grave.

Artigo 56.º

Extorsão por temor de guerra

1 – O militar que, aproveitando-se do temor suscitado pela guerra, exigir a outrem, em proveito próprio, quaisquer bens é punido com pena de prisão de 1 mês a 6 anos, se pena mais grave não for aplicável.

2 – São correspondentemente aplicáveis os n.ºs 2 e 3 do artigo 53.º.

CAPÍTULO III

CRIMES CONTRA A MISSÃO DAS FORÇAS ARMADAS

Artigo 57.º

Capitulação injustificada

O chefe militar que, em tempo de guerra, capitular, entregando ao inimigo qualquer força ou instalação militar sob o seu comando ou cuja defesa, protecção ou guarda lhe estejam confiadas, sem haver empregado todos os meios de defesa de que podia dispor e sem ter feito quanto, em tal caso, exigem a honra e o dever militares, é punido com pena de prisão de 15 a 25 anos.

Artigo 58.º

Actos de cobardia

1 - O militar que, em tempo de guerra, na expectativa ou iminência de acção de combate ou durante a mesma, sem ordem ou causa legítima, para se eximir a combater:

a) Abandonar a área de operações com força do seu comando;

b) Abandonar força, instalação militar ou qualquer local de serviço;

c) Fugir ou incitar os outros à fuga;

d) Inutilizar ou abandonar víveres ou material referido no artigo 7.º que lhe estejam distribuídos ou confiados; ou

e) Empregar qualquer meio ou pretexto fraudulento para conseguir aquele fim;

é punido com pena de prisão de 12 a 20 anos, nos casos das alíneas a) a c), e de 8 a 16 anos, nos casos das alíneas d) e e).

2 – O militar que, em qualquer tempo, fora das condições previstas no número anterior, para se eximir ao perigo, praticar algum dos actos aí previstos ou empregar qualquer meio ou pretexto fraudulento para se eximir ou se subtrair a algum serviço considerado perigoso que não seja o combate é punido com pena de prisão de 5 a 12 anos.

Artigo 59.º

Abandono de comando

O comandante de força ou instalação militares que, em qualquer circunstância de perigo, abandonar o comando é punido:

a) Com pena de prisão de 8 a 16 anos, em tempo de guerra e na área de operações;

Código de Justiça Militar   39

b) Com pena de prisão de 2 a 8 anos, em tempo de guerra, fora da área de operações;

c) Com pena de prisão de 1 a 4 anos, em tempo de paz.

Artigo 60.º
Abstenção de combate

Em tempo de guerra, o comandante de qualquer força militar que:

a) Sem causa justificada ou não cumprindo as determinações da respectiva ordem de operações, deixar de atacar o inimigo ou socorrer força ou instalação militares, nacionais ou aliadas, atacadas pelo inimigo ou empenhadas em combate;

b) Injustificadamente, deixar de perseguir força inimiga, naval, terrestre ou aérea, que procure fugir-lhe;

é punido com pena de prisão de 5 a 12 anos.

Artigo 61.º
Abandono de pessoas ou bens

O comandante de força militar que deva proteger, escoltar ou rebocar navio, aeronave, pessoas ou bens e os abandonar sem que se verifique causa de força maior é punido:

a) Em tempo de guerra e existindo risco de ataque iminente, com pena de prisão de 12 a 20 anos;

b) Em tempo de guerra, não existindo risco de ataque iminente, com pena de prisão de 5 a 12 anos;

c) Em tempo de paz, com pena de prisão de 1 a 4 anos.

Artigo 62.º
Abandono de navio de guerra sinistrado

Aquele que, fazendo parte da guarnição de um navio de guerra, em ocasião de sinistro, o abandonar ou se afastar do local do sinistro, sem motivo justificado, é punido com pena de prisão de 1 mês a 2 anos.

Artigo 63.º
Incumprimento de deveres do comandante de navio

1 – O comandante de navio de guerra ou de força naval que:

40 *Selecção Temática de Jurisprudência do Supremo Tribunal de Justiça*

a) Em tempo de guerra, tendo sido obrigado a encalhar o navio e tornando-se impossível defendê-lo, o não inutilizar, podendo, depois de ter salvo a guarnição;

b) Em qualquer tempo, após sinistro no mar, abandonar o navio, havendo probabilidade de o salvar, ou que, considerando inevitável o naufrágio, não empregar todos os meios conducentes a salvar a guarnição;

c) Em qualquer tempo, quando o abandono do navio se impuser como único meio de salvamento da guarnição, após danos ou avarias graves provocados por sinistro ou ataque inimigo, não for o último a abandonar o navio;

d) Em tempo de guerra e sem motivo legítimo, deixar de perseguir navio mercante inimigo que procure fugir-lhe;

e) Em qualquer tempo, sem motivo legítimo, deixar de prestar socorro a navio que lho peça em ocasião de perigo iminente para a vida de pessoas;

é punido com pena de prisão de 1 mês a 2 anos.

2 – O disposto na alínea d) do número anterior é aplicável ao patrão de embarcação militar.

3 – É aplicada a pena de prisão de 2 a 8 anos se do facto referido na alínea e) do n.º 1 resultar a perda de vidas humanas.

Artigo 64.º

Incumprimento de deveres de comandante de força militar

O comandante de força militar que, em tempo de guerra:

a) Sem motivo legítimo, deixar de cumprir alguma ou algumas das instruções relativas à sua missão;

b) Sendo obrigado a abandonar qualquer força ou instalação militares, bem como material referido no artigo 7.º, não inutilizar, podendo, todo o material a seu cargo que possa ser aproveitado pelo inimigo;

c) Separado, por motivo legítimo, de uma força ou instalação militar a que pertença, não procurar incorporar-se novamente nela, logo que as circunstâncias lho permitam;

é punido com pena de prisão de 1 a 4 anos, no caso da alínea a), e de 1 mês a 1 ano, nos demais casos.

Código de Justiça Militar 41

Artigo 65.º

Falta de comparência em local determinado

1 – O militar que, em tempo de guerra, sem causa justificada, não comparecer no posto de serviço, depois de dado o alarme, mandado reunir ou feito qualquer outro sinal equivalente, é punido:

a) Com pena de prisão de 2 a 8 anos, na área de operações;

b) Com pena de prisão de 1 a 4 anos, fora da área de operações.

2 – O militar que, em tempo de guerra, sem causa justificada, deixar de seguir viagem ou de marchar para fora da localidade onde se encontrar, por não ter comparecido no local e à hora que lhe tiverem sido determinados, é punido:

a) Com pena de prisão de 2 a 8 anos, estando nomeado para tomar parte em operações de guerra ou dentro da área de operações;

b) Com pena de prisão de 1 a 4 anos, nos demais casos.

CAPÍTULO IV

CRIMES CONTRA A SEGURANÇA DAS FORÇAS ARMADAS

Artigo 66.º

Abandono de posto

1 – O militar que, em local de serviço, no exercício de funções de segurança ou necessárias à prontidão operacional de força ou instalação militares, sem motivo legítimo, abandonar, temporária ou definitivamente, o posto, local ou área determinados para o correcto e cabal exercício das suas funções é punido:

a) Com pena de prisão de 12 a 20 anos, em tempo de guerra e em acção de combate;

b) Com pena de prisão de 5 a 12 anos, em tempo de guerra e na área de operações, mas fora de acção de combate;

c) Com pena de prisão de 2 a 8 anos, em tempo de guerra, mas fora da área de operações;

d) Com pena de prisão de 1 mês a 3 anos, em tempo de paz, se for a bordo de navio a navegar ou aeronave em voo;

e) Com pena de prisão de 1 mês a 1 ano, em tempo de paz.

2 – Nos casos previstos nas alíneas d) e e) do número anterior, se à conduta do agente se não seguir qualquer prejuízo para a segurança ou prontidão operacional, a pena pode ser especialmente atenuada.

Artigo 67.º

Incumprimento dos deveres de serviço

1 – O militar que, depois de nomeado ou avisado para serviço de segurança ou serviço necessário à prontidão operacional de força ou instalação militares, se colocar na impossibilidade, total ou parcial, de cumprir a sua missão, embriagando-se, ingerindo substâncias estupefacientes ou psicotrópicas, adormecendo no posto de serviço ou infligindo a si próprio dano físico, é punido:

a) Com pena de prisão de 5 a 12 anos, em tempo de guerra e em acção de combate;

b) Com pena de prisão de 2 a 8 anos, em tempo de guerra e na área de operações, mas fora de acção de combate;

c) Com pena de prisão de 1 a 4 anos, em tempo de guerra, mas fora da área de operações;

d) Com pena de prisão de 1 mês a 1 ano, em tempo de paz.

2 – O militar que, não estando no exercício das funções previstas no número anterior, nem nomeado ou avisado para as mesmas, se embriagar, consumir estupefacientes ou substâncias psicotrópicas, tornando-se inapto para o cumprimento das obrigações de serviço que normalmente lhe vierem a competir, de acordo com o grau de prontidão da força ou instalação a que pertença, é punido:

a) Com pena de prisão de 1 a 4 anos, em tempo de guerra;

b) Com pena de prisão de 1 a 6 meses, em tempo de paz.

3 – Nos casos previstos na alínea d) do n.º 1 e na alínea b) do número anterior, se à conduta do agente se não seguir qualquer prejuízo para a segurança ou prontidão operacional, a pena pode ser especialmente atenuada.

Artigo 68.º

Ofensas a sentinela

1 – Aquele que, injustificadamente, deixe de cumprir ordem legítima dada ou transmitida, de forma inteligível, por sentinela, quando haja simples recusa de cumprimento da ordem, é punido:

a) Em tempo de guerra, com pena de prisão de 1 a 4 anos;

b) Em tempo de paz, com pena de prisão de 1 mês a 1 ano, se a sentinela fizer a correspondente cominação.

2 – Aquele que, injustificadamente, desarmar sentinela ou a ofender, no corpo ou na saúde, é punido com pena de prisão de 1 a 4 anos.

3 – É aplicável o disposto no n.º 2 do artigo 51.º e no artigo 52.º

Código de Justiça Militar 43

Artigo 69.º

Actos que prejudiquem a circulação ou a segurança

Aquele que, por qualquer forma, intencionalmente prejudicar exercícios ou manobras militares, a circulação de tropas ou de veículos transportadores de armamento ou a segurança de forças ou instalações militares, necessários ao cumprimento de missões legítimas é punido:

a) Com pena de prisão de 2 a 8 anos, em tempo de guerra;
b) Com pena de prisão de 1 mês a 1 ano, em tempo de paz.

Artigo 70.º

Entrada ou permanência ilegítimas

1 – O militar inimigo que, em tempo de guerra, se introduzir no teatro de guerra, não fazendo uso de uniforme ou insígnias que o identifiquem como tal, é punido com pena de prisão de 5 a 12 anos.

2 – Aquele que, não sendo militar, em tempo de guerra, sem motivo justificado, disfarçando ou dissimulando a sua identidade ou qualidade, se introduzir na área de operações é punido com pena de prisão de 1 a 4 anos.

3 – Aquele que, em qualquer tempo:

a) Sem motivo justificado, entrar ou permanecer em força ou instalação militares;

b) Instalar ou fizer uso, em local de serviço ou em área definida como de interesse para a defesa nacional de equipamentos de intercepção, escuta ou análise de emissões electromagnéticas destinados à obtenção de informações de imagem ou de som, sem autorização competente;

é punido com pena de prisão de 1 mês a 2 anos.

4 – Se o crime previsto no número anterior for cometido por meio de violência ou ameaça de violência, com uso de arma ou por meio de arrombamento, escalamento ou chave falsa ou por três ou mais pessoas, o agente é punido com pena de prisão de 1 a 4 anos.

5 – É dispensado de pena o militar inimigo cuja introdução referida no n.º 1 for feita com o propósito de servir ou de se pôr ao serviço das Forças Armadas portuguesas ou das suas aliadas.

Artigo 71.º

Perda, apresamento ou danos por negligência

1 – O comandante de força militar que, por negligência, causar a perda ou o apresamento da força sob as suas ordens é punido:

a) Com pena de prisão de 2 a 8 anos, em tempo de guerra e em operações;

b) Com pena de prisão de 1 mês a 3 anos, em tempo de guerra, mas fora do caso previsto na alínea anterior;

c) Com pena de prisão de 1 mês a 1 ano, nos demais casos.

2 – O comandante de força militar que, por negligência, se deixar surpreender pelo inimigo ou de cuja negligência resultarem danos consideráveis em plataformas ou quaisquer meios de forças próprias ou aliadas é punido:

a) Em tempo de guerra, com pena de prisão de 1 a 4 anos;

b) Em tempo de paz, com pena de prisão de 1 mês a 1 ano.

3 – Se da negligência a que se referem os números anteriores resultarem baixas em forças próprias ou aliadas, o agente é punido com pena de prisão de 2 a 8 anos.

4 – Com as mesmas penas é punido o oficial de quarto em navio que, por negligência, der causa aos factos descritos nos números anteriores.

CAPÍTULO V

CRIMES CONTRA A CAPACIDADE MILITAR E A DEFESA NACIONAL

SECÇÃO I

DESERÇÃO

Artigo 72.º

Deserção

1 – Comete o crime de deserção o militar que:

a) Se ausentar, sem licença ou autorização, do seu posto ou local de serviço e se mantenha na situação de ausência ilegítima por 10 dias consecutivos;

b) Encontrando-se na situação de licença ou dispensa de qualquer natureza ou ausente por outra causa legítima, não se apresentar onde lhe for determinado dentro do prazo de 10 dias a contar da data fixada no passaporte ou guia de licença ou dispensa, ou em qualquer outra forma de intimação;

c) Sem motivo legítimo, deixe de se apresentar no seu destino no prazo de 10 dias a contar da data indicada para esse fim;

Código de Justiça Militar   45

d) Fugindo à escolta que o acompanhe ou se evadir do local em que estiver preso ou detido, não se apresentar no prazo de 10 dias a contar da data da fuga;

e) Estando na situação de reserva ou de reforma e tendo sido convocado ou mobilizado para a prestação do serviço militar efectivo, não se apresentar onde lhe for determinado dentro do prazo de 10 dias a contar da data fixada no aviso convocatório, no edital de chamada ou em qualquer outra forma de intimação.

2 – Em tempo de guerra, os prazos referidos no número anterior são reduzidos a metade.

Artigo 73.º

Execução da deserção

1 – Os dias de ausência ilegítima necessários para que se verifique a deserção contam-se por períodos de vinte e quatro horas desde o momento em que se verifique a falta.

2 – A deserção mantém-se até à captura ou apresentação do agente, perda da nacionalidade portuguesa ou cessação das obrigações militares.

3 – Para efeitos do número anterior só faz cessar a execução do crime:

a) A captura feita por causa da deserção ou seguida de comunicação às autoridades militares;

b) A apresentação voluntária do agente a qualquer autoridade militar, policial, diplomática ou consular portuguesa, com o propósito de prestar o serviço militar que lhe caiba ou de regularizar a sua situação militar;

c) A perda da nacionalidade portuguesa ou a cessação das obrigações militares.

Artigo 74.º

Punição da deserção

1 – O oficial que cometa o crime de deserção é punido:

a) Em tempo de guerra, com pena de prisão de 5 a 12 anos;

b) Em tempo de paz, com pena de prisão de 1 a 4 anos.

2 – Os sargentos e as praças que cometam o crime de deserção são condenados:

a) Em tempo de guerra, com pena de prisão de 2 a 8 anos;

b) Em tempo de paz, com pena de prisão de 1 a 4 anos.

46   *Selecção Temática de Jurisprudência do Supremo Tribunal de Justiça*

3 – Nos casos previstos nas alíneas b) do n.ºs 1 e 2, se não concorrerem os elementos qualificadores previstos no artigo seguinte ou se a deserção não exceder o período de 20 dias, é aplicada a pena de prisão de 1 mês a 3 anos.

4 – O disposto no n.º 2 e no número anterior é correspondentemente aplicável aos militarizados.

5 – Se a deserção for cometida por negligência, é aplicada a pena de prisão de 1 mês a 1 ano.

Artigo 75.º

Deserção qualificada

1 – O mínimo das penas previstas no artigo anterior é agravado de um terço quando o crime for perpetrado:

a) Estando o militar, ao iniciar a ausência, no exercício de funções de serviço superiormente ordenadas, com ordem de embarque ou de marcha ou em marcha para fora do território nacional ou integrado em qualquer força militar em cumprimento de missão;

b) Precedendo concertação entre dois ou mais militares;

c) Desertando o militar para país estrangeiro.

2 – Considera-se deserção para país estrangeiro aquela durante a qual o militar se desloca para fora do território nacional ou se mantém no estrangeiro.

3 – É aplicada a pena de prisão de 12 a 20 anos ao militar que, em tempo de guerra, cometa o crime de deserção ausentando-se da área de operações.

SECÇÃO II

INCUMPRIMENTO DE OBRIGAÇÕES MILITARES

Artigo 76.º

Outras deserções

Cometem ainda o crime de deserção:

a) Os cidadãos que, estando na situação de reserva de disponibilidade ou de reserva de recrutamento e tendo sido mobilizados para a prestação do serviço militar efectivo, não se apresentarem onde lhes for determinado dentro do prazo de 10 dias a contar da data fixada no aviso convocatório, no edital de chamada ou em qualquer outra forma de intimação;

b) Os cidadãos abrangidos pela mobilização civil que não se apresentem no local que lhes tenha sido determinado, nos 10 dias subsequentes

Código de Justiça Militar   47

à data fixada para a sua apresentação, bem como os que abandonem o serviço de que estavam incumbidos por efeito da mobilização civil, pelo mesmo prazo;

c) Os trabalhadores a que se aplica o estatuto de cidadãos abrangidos pela mobilização civil, nos termos da lei, que abandonem o serviço de que estavam incumbidos, por 10 dias consecutivos durante a vigência da requisição que lhes tenha sido notificada pelo respectivo órgão de gestão, bem como os que, estando ausentes da empresa ou serviço requisitado, não compareçam aí nos 10 dias subsequentes ao fim do prazo que lhes tenha sido notificado para a sua apresentação;

cabendo-lhes as penas do n.º 2 do artigo 74.º

Artigo 77.º
Falta injustificada de fornecimentos

Aquele que:

a) Sendo abrangido pelas obrigações decorrentes de uma requisição de bens, serviços, empresas ou direitos, nos termos da legislação sobre mobilização e requisição no interesse da defesa nacional, não cumpra aquelas obrigações no prazo de 10 dias, a contar da data em que as deva realizar;

b) Em tempo de guerra, sendo, a título diferente da requisição a que se refere a alínea anterior, encarregado do fornecimento de material de guerra ou quaisquer outros artigos ou substâncias para o serviço das Forças Armadas ou de outras forças militares faltar, sem motivo legítimo, com o mesmo fornecimento;

é punido com as penas do n.º 2 do artigo 74.º

Artigo 78.º
Mutilação para isenção do serviço militar

1 – Aquele que, em tempo de guerra, para se subtrair às suas obrigações militares, se mutilar ou por qualquer forma se inabilitar, ainda que só parcial ou temporariamente, é punido com pena de prisão de 2 a 8 anos.

2 – Aquele que em tempo de guerra:

a) Fraudulentamente, praticar acto com o propósito de omitir ou alterar informação contida em ficheiros de dados pessoais referente a qualquer indivíduo sujeito a deveres militares ou que, com o mesmo desígnio, deixar de praticar acto a que juridicamente esteja obrigado;

b) Por meio de fraude ou falsidade, se subtrair ou fizer subtrair outrem aos deveres do serviço militar ou conseguir resultado diferente do devido nas provas de classificação ou selecção;
é punido com pena de prisão até 3 anos.

3 – Aquele que, em tempo de guerra, ilicitamente, aceitar ou usar influência em vista da prossecução dos resultados previstos no número anterior é punido com prisão de 1 mês a 2 anos.

SECÇÃO III

DANO DE MATERIAL DE GUERRA

Artigo 79.º

Dano em bens militares ou de interesse militar

1 – Aquele que destruir, danificar ou inutilizar, no todo ou em parte, mesmo que temporariamente, obras militares ou outros bens, móveis ou imóveis, próprios, afectos ou ao serviço das Forças Armadas ou de outras forças militares ou ainda vias, meios ou linhas de comunicação, transmissão ou transporte, estaleiros, instalações portuárias, fábricas ou depósitos, uns e outros indispensáveis ao cumprimento das respectivas missões, é punido com pena de prisão de 3 a 10 anos.

2 – Aquele que, com intenção de praticar actos previstos no número anterior, importar, fabricar, guardar, comprar, vender, ceder ou adquirir por qualquer título, distribuir, transportar, deter ou usar arma proibida, engenho ou substância explosiva ou capaz de produzir explosão nuclear, radioactiva ou própria para fabricação de gás tóxico ou asfixiante, referidos ou não no artigo 7.º, é punido com pena de prisão de 2 a 8 anos.

Artigo 80.º

Dano qualificado

1 – Se do dano referido no artigo anterior resultar a mutilação ou lesão graves de qualquer pessoa ou prejuízo consideravelmente elevado, o agente é punido:

a) Com pena de prisão de 8 a 16 anos, se o crime for cometido em tempo de guerra e na área de operações;

b) Com pena de prisão de 5 a 12 anos, se o crime for cometido em tempo de guerra, fora dos casos previstos na alínea anterior;

Código de Justiça Militar

49

c) Com pena de prisão de 2 a 8 anos, se o crime for cometido em tempo de paz.

2 – Se do dano resultar a morte, é aplicada a pena de prisão de 8 a 16 anos.

SECÇÃO IV
EXTRAVIO, FURTO E ROUBO DE MATERIAL DE GUERRA

Artigo 81.º

Extravio de material de guerra

O militar que, por negligência, deixar de apresentar material de guerra que lhe tenha sido confiado ou distribuído para o serviço é punido:

a) Com pena de prisão de 1 a 6 anos, se o crime for cometido em tempo de guerra;

b) Com pena de prisão de 1 mês a 3 anos, em todos os demais casos.

Artigo 82.º

Comércio ilícito de material de guerra

Aquele que importar, fabricar, guardar, comprar, vender ou puser à venda, ceder ou adquirir a qualquer título, transportar, distribuir, deter, usar ou trouxer consigo material de guerra, conhecendo essa qualidade e sem que para tal esteja autorizado, fora das condições legais ou em contrário das prescrições da autoridade competente, é punido com as penas previstas no artigo seguinte, conforme os casos.

Artigo 83.º

Furto de material de guerra

1 – Aquele que, com ilegítima intenção de apropriação para si ou para outrem, subtrair material de guerra é punido:

a) Com pena de prisão de 2 a 8 anos, se o valor da coisa furtada for elevado;

b) Com pena de prisão de 1 a 4 anos, se o valor da coisa furtada for diminuto.

2 – É aplicada a pena de prisão de 4 a 10 anos quando a coisa furtada:

a) For de valor consideravelmente elevado:

b) For subtraída penetrando o agente em edifício ou outro local fechado, por meio de arrombamento, escalamento ou chaves falsas ou tendo- -se ele introduzido furtivamente ou escondido com intenção de furtar.

3 – Se a subtracção a que se referem os números anteriores tiver apenas por objecto o uso de material de guerra, é aplicada a pena de prisão de 1 a 3 anos.

Artigo 84.º
Roubo de material de guerra

1 – Aquele que, com ilegítima intenção de apropriação para si ou para outrem, subtrair ou constranger a que lhe seja entregue material de guerra, usando violência contra uma pessoa, de ameaça com perigo iminente para a vida ou para a integridade física ou pondo-a na impossibilidade de resistir, é condenado na pena de 2 a 8 anos de prisão.

2 – São correspondentemente aplicáveis os n.ºs 2 a 4 do artigo 53.º.

CAPÍTULO VI
CRIMES CONTRA A AUTORIDADE

SECÇÃO I
INSUBORDINAÇÃO

Artigo 85.º
Homicídio de superior

O militar que, em tempo de guerra, matar um superior no exercício das suas funções e por causa delas é punido com pena de prisão de 15 a 25 anos, salvo se das circunstâncias não resultar especial censurabilidade ou perversidade do agente.

Artigo 86.º
Insubordinação por ofensa à integridade física

1 – O militar que ofender o corpo ou a saúde de algum superior no exercício das suas funções e por causa delas é punido com pena de prisão de 2 a 8 anos.

2 – Se a ofensa for de forma a:

Código de Justiça Militar　　　　　　　　　　　　　　　　　　　　51

a) Privar o ofendido de importante órgão ou membro ou a desfigurá-lo permanentemente;

b) Tirar ou afectar, de maneira grave, a capacidade de trabalho, as capacidades intelectuais ou de procriação ou a possibilidade de utilizar o corpo, os sentidos ou a linguagem;

c) Provocar doença particularmente dolorosa ou permanente ou anomalia psíquica grave ou incurável;

d) Provocar perigo para a vida;

o agente é punido com pena de prisão de 8 a 16 anos.

3 – Se a ofensa vier a produzir a morte, o agente é punido:

a) Com pena de prisão de 5 a 12 anos, no caso do n.º 1;

b) Com pena de prisão de 8 a 16 anos, no caso do n.º 2.

4 – O militar que praticar as ofensas previstas no n.º 1 e vier a produzir as ofensas previstas no n.º 2 é punido com pena de prisão de 5 a 12 anos.

Artigo 87.º

Insubordinação por desobediência

1 – O militar que, sem motivo justificado, recusar ou deixar de cumprir qualquer ordem que, no uso de atribuições legítimas, lhe tenha sido dada por algum superior é punido:

a) Com pena de prisão de 15 a 25 anos, em tempo de guerra, se a desobediência consistir na recusa de entrar em combate;

b) Com pena de prisão de 8 a 16 anos, em tempo de guerra e na área de operações, fora do caso referido na alínea anterior;

c) Com pena de prisão de 5 a 12 anos, em tempo de guerra, em ocasião a bordo de veículo, navio ou aeronave, que afecte a segurança dos mesmos;

d) Com pena de prisão de 2 a 8 anos, em tempo de guerra, fora dos casos referidos na alínea anterior;

e) Com pena de prisão de 2 a 8 anos, em tempo de paz, se for na ocasião referida na alínea c);

f) Na pena de 1 a 4 anos de prisão, em tempo de paz e em presença de militares reunidos;

g) Com pena de prisão de 1 mês a 1 ano, em todos os demais casos.

2 – Quando a recusa ou incumprimento forem cometidos por dois ou mais militares a quem a ordem tenha sido dada, as penas são agravadas de um quarto do seu limite máximo.

3 – Havendo recusa, seguida de cumprimento voluntário da ordem, as penas são reduzidas a metade na sua duração máxima e mínima.

Artigo 88.º

Insubordinação por prisão ilegal ou rigor ilegítimo

O militar que, fora dos casos previstos na lei, prender ou fizer prender um superior, o privar, ainda que parcialmente, da sua liberdade ou empregar contra o mesmo rigor ilegítimo é punido com pena de prisão de 2 a 8 anos.

Artigo 89.º

Insubordinação por ameaças ou outras ofensas

1 – O militar que, sem motivo legítimo, ameaçar um superior no exercício das suas funções e por causa delas, em disposição de ofender, com tiro de arma de fogo, uso de explosivos ou de arma ou outro acto de violência física, é punido:
a) Em tempo de guerra, com pena de prisão de 2 a 8 anos;
b) Em tempo de paz, com pena de prisão de 1 a 4 anos.

2 – O militar que, no exercício de funções e por causa delas ou em presença de militares reunidos, ameaçar ou ofender um superior no exercício das suas funções e por causa delas, por meio de palavras, escritos, imagens ou gestos, é punido:
a) Com pena de prisão de 1 a 4 anos, nos casos da alínea a) do número anterior;
b) Com pena de prisão de 1 mês a 2 anos, nos casos da alínea b) do número anterior.

3 – O militar que, em tempo de guerra, por qualquer dos meios indicados no número anterior, incitar os camaradas à desconsideração para com superior é punido com pena de prisão de 1 mês a 3 anos.

Artigo 90.º

Insubordinação colectiva

1 – Os militares que, em grupo de dois ou mais, armados, praticarem desmandos, tumultos ou violências, não obedecendo à intimação de um superior para entrar na ordem, são punidos:
a) Em tempo de guerra e na área de operações, com pena de prisão de 8 a 16 anos os que actuarem como chefes ou instigadores de tais actos e com pena de prisão de 5 a 12 anos os demais participantes no crime;
b) Em tempo de guerra, fora da área de operações, com pena de prisão de 5 a 12 anos os que actuarem como chefes ou instigadores e com pena de prisão de 2 a 8 anos os demais participantes;

Código de Justiça Militar

c) Nos casos não previstos nas alíneas anteriores, com pena de prisão de 2 a 8 anos os que actuarem como chefes ou instigadores e com pena de prisão de 1 mês a 2 anos os demais participantes.

2 – Os militares que, desarmados e em grupo, praticarem os actos referidos no número anterior são punidos com as penas nele previstas, consoante os casos, reduzidas a metade nos seus limites mínimo e máximo.

Artigo 91.º

Militares equiparados a superiores

Os crimes previstos neste capítulo cometidos contra sentinelas, vigias, patrulhas, plantões, chefes de postos militares ou qualquer militar no exercício de funções de segurança ou vigilância em local de serviço são punidos como se fossem praticados contra superiores.

SECÇÃO II

ABUSO DE AUTORIDADE

Artigo 92.º

Homicídio de subordinado

O militar que, em tempo de guerra, matar um subordinado no exercício das suas funções e por causa delas é punido com pena de prisão de 15 a 25 anos, salvo se das circunstâncias não resultar especial censurabilidade ou perversidade do agente.

Artigo 93.º

Abuso de autoridade por ofensa à integridade física

1 – O militar que ofender o corpo ou a saúde de algum subordinado no exercício das suas funções e por causa delas é punido com pena de prisão de 2 a 8 anos.

2 – Se a ofensa for de forma a:

a) Privar o ofendido de importante órgão ou membro ou a desfigurá-lo permanentemente;

b) Tirar ou afectar, de maneira grave, a capacidade de trabalho, as capacidades intelectuais ou de procriação ou a possibilidade de utilizar o corpo, os sentidos ou a linguagem;

54 Selecção Temática de Jurisprudência do Supremo Tribunal de Justiça

c) Provocar doença particularmente dolorosa ou permanente ou anomalia psíquica grave ou incurável;

d) Provocar perigo para a vida;

o agente é punido com pena de prisão de 8 a 16 anos.

3 – Se a ofensa vier a produzir a morte, o agente é punido:

a) Com pena de prisão de 5 a 12 anos, no caso do n.º 1;

b) Com pena de prisão de 8 a 16 anos, no caso do n.º 2.

4 – O militar que praticar as ofensas previstas no n.º 1 e vier a produzir as ofensas previstas no n.º 2 é punido com pena de prisão de 5 a 12 anos.

Artigo 94.º

Circunstâncias dirimentes especiais

1 – Não são ilícitos os factos previstos nos n.os 1, 2 e 4 do artigo anterior quando, em tempo de guerra, constituam meio necessário e adequado, uma vez esgotados todos os outros, a conseguir:

a) A reunião de militares em fuga ou debandada;

b) Obstar à rebelião, sedição, insubordinação colectiva, saque ou devastação;

c) Obter do ofendido o cumprimento de um dever ou ordem legítima, a que ele se recuse depois de pessoalmente intimado a fazê-lo.

2 – Age sem culpa o superior que praticar os factos previstos nos n.ºs 1 e 2 do artigo anterior com a finalidade indicada nas alíneas a) e b) do número anterior e vier a produzir o resultado previsto no n.º 3 do artigo anterior.

3 – Não são igualmente ilícitos os factos referidos nos n.ºs 1 e 4 do artigo anterior se praticados a bordo, em ocasião de acontecimentos graves ou de manobras urgentes, de que dependa a segurança do navio ou aeronave e com o fim de obrigar o ofendido ao cumprimento de um dever.

4 – O tribunal pode dispensar de pena o militar que cometer o crime previsto no n.º 1 do artigo anterior em acto seguido a uma agressão violenta praticada pelo ofendido contra o agente ou contra a sua autoridade.

Artigo 95.º

Abuso de autoridade por outras ofensas

O militar que:

a) Por meio de palavras, ofender, em presença de militares reunidos, algum subordinado no exercício das suas funções e por causa delas;

Código de Justiça Militar 55

b) Por meio de ameaças ou violência impedir algum subordinado ou outra pessoa de apresentar queixa ou reclamação a autoridade militar;

c) Por meio de ameaças ou violência constranger algum subordinado a praticar quaisquer actos a que não for obrigado pelos deveres de serviço ou da disciplina;

é punido com pena de prisão de 1 mês a 2 anos, quando ao facto não corresponder pena mais grave.

Artigo 96.º
Abuso de autoridade por prisão ilegal

O militar que, fora dos casos previstos na lei, prender ou fizer prender um subordinado, o privar, ainda que parcialmente, da sua liberdade ou empregar contra o mesmo rigor ilegítimo é punido com pena de prisão de 2 a 8 anos.

Artigo 97.º
Responsabilidade do superior

É correspondentemente aplicável aos crimes previstos no artigo 95.º e no artigo anterior o disposto no artigo 48.º

Artigo 98.º
Assunção ou retenção ilegítimas de comando

O militar que, sem ordem ou causa legítima, assumir ou retiver algum comando é punido com pena de prisão de 2 a 8 anos.

Artigo 99.º
Movimento injustificado de forças militares

O comandante que, sem motivo justificado, ordenar qualquer movimento de forças militares terrestres, navais ou aéreas é punido:

a) Com pena de prisão de 4 a 10 anos, se o seu procedimento causar alarme ou perturbação da ordem pública ou constituir acto de hostilidade contra os órgãos de soberania, as chefias militares ou país estrangeiro;

b) Com pena de prisão de 1 mês a 1 ano, nos demais casos.

Artigo 100.º

Uso ilegítimo das armas

O militar que fizer ou autorizar os seus subordinados a fazer uso ilegítimo das armas é punido com pena de prisão de 1 mês a 1 ano, salvo se pena mais grave for aplicável por outra disposição legal.

CAPÍTULO VII

CRIMES CONTRA O DEVER MILITAR

Artigo 101.º

Benefícios em caso de capitulação

O comandante de força ou instalação militar que, em caso de capitulação ou rendição por ele ajustada, não seguir a sorte da força do seu comando, mas convencionar para si ou para os oficiais condições mais vantajosas que as dos demais militares, é punido com pena de prisão de 2 a 8 anos.

Artigo 102.º

Ultraje à Bandeira Nacional ou outros símbolos

O militar que, publicamente, por palavras, gestos ou por divulgação de escritos ou por outros meios de comunicação com o público, ultrajar a Bandeira, o Estandarte ou o Hino Nacionais, ou faltar ao respeito que lhes é devido, é punido:

a) Em tempo de guerra, com a pena de 1 a 4 anos de prisão;
b) Em tempo de paz, com a pena de 1 mês a 2 anos de prisão.

Artigo 103.º

Evasão militar

O militar que fugir à escolta que o acompanhava ou se evadir do local onde se encontrava preso ou detido é punido:

a) Em tempo de guerra, com pena de prisão de 1 a 4 anos;
b) Em tempo de paz, com pena de prisão de 1 mês a 2 anos.

Artigo 104.º

Falta à palavra de oficial prisioneiro de guerra

O oficial prisioneiro de guerra que, faltando à sua palavra, tornar a ser preso, armado, é punido com pena de prisão de 5 a 12 anos.

CAPÍTULO VIII
CRIMES CONTRA O DEVER MARÍTIMO

Artigo 105.º

Perda, encalhe ou abandono de navio

1 – O comandante, piloto ou prático de navio mercante escoltado ou ao serviço das Forças Armadas ou de outras forças militares que, em tempo de guerra:

a) Causar a perda ou o encalhe do navio;

b) Abandonar, sem motivo legítimo, o seu posto no navio;

é punido com pena de 2 a 8 anos de prisão.

2 – Se a perda ou encalhe forem causados por negligência, é aplicada a pena de prisão de 1 mês a 1 ano.

Artigo 106.º

Omissão de deveres por navio mercante

O comandante de navio mercante que:

a) Escoltado, abandonar o comboio ou desobedecer às ordens do seu comodoro;

b) Não cumprir as ordens que legitimamente lhe forem dadas por navio de guerra português;

c) Não prestar, podendo, socorro a navio de guerra ou ao serviço das Forças Armadas ou de outras forças militares, português ou de nação aliada, que o pedir;

é punido com pena de prisão de 2 a 8 anos, em tempo de guerra, e de 1 mês a 2 anos, em tempo de paz.

LIVRO II
DO PROCESSO

CAPÍTULO I
DISPOSIÇÃO PRELIMINAR

Artigo 107.º

Aplicação do Código de Processo Penal

As disposições do Código de Processo Penal são aplicáveis, salvo disposição legal em contrário, aos processos de natureza penal militar regulados neste Código e em legislação militar avulsa.

CAPÍTULO II
DOS TRIBUNAIS

Artigo 108.º
Disposições aplicáveis

A competência material, funcional e territorial dos tribunais em matéria penal militar é regulada pelas disposições deste Código, e subsidiariamente pelas do Código de Processo Penal e das leis de organização judiciária.

Artigo 109.º
Competência material e funcional

Compete, respectivamente:

a) Às secções criminais do Supremo Tribunal de Justiça julgar os processos por crimes estritamente militares cometidos por oficiais generais, seja qual for a sua situação;

b) Às secções criminais das Relações de Lisboa e do Porto julgar os processos por crimes estritamente militares cometidos por oficiais de patente idêntica à dos juízes militares de 1.ª instância, seja qual for a sua situação;

c) A umas e outras praticar, nos termos da lei de processo, os actos jurisdicionais relativos ao inquérito, dirigir a instrução, presidir ao debate instrutório e proferir despacho de pronúncia ou não pronúncia nos processos referidos nas alíneas anteriores.

Artigo 110.º
Competência territorial

1 – Têm competência para conhecer de crimes cometidos:

a) Nos distritos judiciais de Évora e Lisboa, o Tribunal da Relação de Lisboa e as 1.ª e 2.ª Varas Criminais da Comarca de Lisboa;

b) Nos distritos judiciais de Coimbra e do Porto, o Tribunal da Relação do Porto e a 1.ª Vara Criminal da Comarca do Porto.

2 – Os tribunais a que se refere a alínea a) do número anterior são ainda competentes para conhecer de crimes cometidos fora do território nacional.

Artigo 111.º
Competência do tribunal colectivo

Os processos por crimes estritamente militares são da competência do tribunal colectivo.

Artigo 112.º
Competência para a instrução criminal militar

1 – As secções de instrução criminal militar dos Tribunais de Instrução Criminal de Lisboa e do Porto têm competência territorial, respectivamente, nas áreas indicadas nas alíneas a) e b) do n.º 1 do artigo 110.º

2 – É correspondentemente aplicável o disposto no n.º 2 do artigo 110.º

Artigo 113.º
Competência por conexão

A conexão não opera entre processos que sejam e processos que não sejam de natureza estritamente militar.

Artigo 114.º
Concurso de crimes

1 – Para efeitos do disposto nos n.ºs 1 e 2 do artigo 78.º do Código Penal, tratando-se de concurso de crimes de natureza estritamente militar, é competente o tribunal da última condenação.

2 – Se o concurso for entre crimes comuns e crimes estritamente militares, é material e territorialmente competente o tribunal da última condenação por crime comum.

3 – É correspondentemente aplicável o disposto no artigo 472.º do Código de Processo Penal.

Artigo 115.º
Conferência nos processos por crime estritamente militar

1 – Na conferência das secções criminais em que se decida processo por crime estritamente militar intervêm o presidente da secção, o relator e dois juízes adjuntos, sendo um deles juiz militar.

2 – A intervenção do juiz militar é feita por escala, salvo nos processos por crimes directamente relacionados com um dos ramos das Forças Armadas ou com a GNR, caso em que o juiz militar é o oriundo desse ramo.

60   *Selecção Temática de Jurisprudência do Supremo Tribunal de Justiça*

3 – Nas faltas, impedimentos, recusas ou escusas do juiz militar referido no número anterior, a respectiva substituição faz-se por sorteio.

Artigo 116.º

Composição do tribunal em audiência

1 – Fora dos casos especialmente previstos na lei, a audiência de julgamento de crime estritamente militar é efectuada:

a) No Supremo Tribunal de Justiça, pelo presidente da secção, pelo relator e por três juízes adjuntos, sendo sempre dois juízes militares;

b) Nos Tribunais da Relação de Lisboa e do Porto, pelo presidente da secção, pelo relator e por dois juízes adjuntos, sendo um deles juiz militar;

c) Nas varas criminais das comarcas de Lisboa e do Porto, pelo presidente e por dois adjuntos, sendo um deles juiz militar.

2 – A intervenção dos juízes militares no julgamento efectua-se nos termos do artigo anterior.

Artigo 117.º

Impedimentos, recusas e escusas

Além dos casos previstos no Código de Processo Penal, nenhum juiz militar pode exercer a sua função num processo penal:

a) Quando for ofendido pelo crime;

b) Quando à data em que o crime foi cometido ou o processo iniciado se encontrava sob as ordens imediatas do arguido ou fosse seu superior hierárquico imediato.

CAPÍTULO III

DA POLÍCIA JUDICIÁRIA MILITAR

Artigo 118.º

Da Polícia Judiciária Militar

1 – A Polícia Judiciária Militar é o órgão de polícia criminal com competência específica nos processos por crimes estritamente militares, competindo-lhe as funções que pelo Código de Processo Penal são atribuídas aos órgãos de polícia criminal e actuando, no processo, sob a direcção das autoridades judiciárias e na sua dependência funcional.

2 – A Polícia Judiciária Militar tem ainda a competência reservada que lhe é atribuída pela respectiva lei orgânica.

CAPÍTULO IV

DOS ACTOS PROCESSUAIS E DAS MEDIDAS DE COACÇÃO

Artigo 119.º

Do tempo dos actos

1 – Nos processos por crimes estritamente militares, é aplicável à prática de actos processuais o disposto no n.º 2 do artigo 103.º do Código de Processo Penal, correndo em férias os prazos relativos aos mesmos processos.

2 – Nos processos a que se refere o número anterior, os autos são lavrados e os mandados passados imediatamente e com preferência sobre qualquer serviço.

3 – O disposto nos números anteriores não prejudica o carácter urgente de processos por crimes comuns quando nestes houver arguidos detidos ou presos.

Artigo 120.º

Notificações

1 – As notificações aos militares na efectividade de serviço nas Forças Armadas e outras forças militares para comparecerem perante os tribunais, o Ministério Público, a Polícia Judiciária Militar ou para a prática de qualquer acto processual são feitas nos termos do Código de Processo Penal, com as especialidades previstas nos números seguintes.

2 – As notificações são requisitadas ao comandante, director ou chefe da unidade, estabelecimento ou órgão em que o militar notificando preste serviço e efectuadas na pessoa do notificando por aquele ou por quem o substitua ou ainda por militar de maior graduação ou antiguidade para o efeito designado; não se conseguindo, é lavrado auto da ocorrência e remetido à entidade que emitiu a notificação, com exposição fundamentada das diligências efectuadas e dos motivos que as frustraram.

3 – A comparência do notificado não carece de autorização do superior hierárquico; quando, porém, seja realizada de forma diferente da referida no número anterior, deve o notificado informar imediatamente da notificação o seu superior e apresentar-lhe documento comprovativo da comparência.

Artigo 121.º

Obrigação de apresentação periódica

Os militares na efectividade de serviço cumprem a obrigação de apresentação periódica que lhes tenha sido imposta apresentando-se ao comandante, director ou chefe da unidade, estabelecimento ou órgão em que prestem serviço, cabendo a este último manter informados os competentes órgãos de polícia criminal ou autoridades judiciárias.

CAPÍTULO V

DO PROCEDIMENTO

Artigo 122.º

Dever de participação

O militar que, no exercício de funções e por causa delas, tomar conhecimento de crime estritamente militar tem o dever de o participar à autoridade competente.

Artigo 123.º

Auto de notícia

O oficial que presenciar qualquer crime de natureza estritamente militar levanta ou manda levantar auto de notícia.

Artigo 124.º

Detenção e prisão preventiva

1 – Em caso de flagrante delito por crime estritamente militar qualquer oficial procede à detenção.

2 – Fora de flagrante delito, a detenção de militares na efectividade de serviço deve ser requisitada ao comandante, director ou chefe da unidade, estabelecimento ou órgão em que o militar preste serviço pelas autoridades judiciárias ou de polícia criminal competentes, nos termos do Código de Processo Penal.

3 – Os militares detidos ou presos preventivamente mantêm-se em prisão à ordem do tribunal ou autoridade competente, nos termos do Código de Processo Penal.

Artigo 125.º

Competência para o inquérito

É competente para a realização do inquérito o Ministério Público que exercer funções no tribunal competente para a instrução.

Artigo 126.º

Suspensão do processo

Os processos por crimes estritamente militares não estão sujeitos a suspensão mediante imposição ao arguido de injunções e regras de conduta, ainda que o crime seja punível com pena inferior a 5 anos ou com sanção diferente da prisão.

Artigo 127.º

Assessoria militar

Na promoção do processo por crime estritamente militar o Ministério Público é assessorado por oficiais das Forças Armadas e da Guarda Nacional Republicana.

CAPÍTULO VI

DA JUSTIÇA MILITAR EM TEMPO DE GUERRA

SECÇÃO I

ORGANIZAÇÃO JUDICIÁRIA MILITAR EM TEMPO DE GUERRA

Artigo 128.º

Tribunais militares

1 – Durante a vigência do estado de guerra são constituídos tribunais militares ordinários, com competência para o julgamento de crimes de natureza estritamente militar.

2 – Podem ainda ser constituídos tribunais militares extraordinários, com a mesma competência.

3 – Os tribunais militares a que se refere o n.º 1 são o Supremo Tribunal Militar, os tribunais militares de 2.ª instância e os tribunais militares de 1.ª instância.

4 – Cessada a vigência do estado de guerra, os tribunais referidos nos números anteriores mantêm-se em funções até decisão final dos processos pendentes.

Artigo 129.º

Prevalência do serviço de carácter operacional

Salvo quanto aos juízes dos tribunais militares ordinários, o serviço de justiça, em tempo de guerra, não prevalece sobre o de carácter operacional, nem dispensa os militares do cumprimento dos deveres inerentes às funções que cumulativamente exercerem.

Artigo 130.º
Composição dos tribunais militares ordinários

1 – O Supremo Tribunal Militar é composto pelos juízes militares do Supremo Tribunal de Justiça e por um juiz auditor, conselheiro do Supremo Tribunal de Justiça.

2 – Os Tribunais Militares de 2.ª Instância de Lisboa e do Porto são compostos por três juízes militares e por um juiz auditor, oriundos, respectivamente, dos quadros de juízes dos Tribunais da Relação de Lisboa e do Porto.

3 – Os Tribunais Militares de 1.ª Instância de Lisboa e do Porto são compostos por três juízes militares e por um juiz auditor, oriundos, respectivamente, dos quadros das varas criminais de Lisboa e do Porto.

4 – O presidente dos tribunais militares ordinários é o juiz militar mais antigo.

5 – Os juízes auditores dos tribunais militares ordinários exercem as funções de relator do processo e são nomeados pelo Conselho Superior da Magistratura.

Artigo 131.º
Tribunais militares extraordinários

1 – Quando motivos ponderosos da justiça militar, devidamente fundamentados, o imponham, podem ser criados, junto dos comandos de forças ou instalações militares existentes fora do território ou das águas nacionais, tribunais militares extraordinários.

2 – Os tribunais militares extraordinários não têm constituição permanente e são dissolvidos logo que decidirem os processos para que foram convocados.

3 – A nomeação e a convocação dos membros dos tribunais militares extraordinários são feitas por ordem do Chefe do Estado-Maior-General das Forças Armadas, sob proposta do comandante da força ou instalação militares a que se refere o n.º 1.

Artigo 132.º
Composição dos tribunais militares extraordinários

1 – Os tribunais militares extraordinários são compostos por:
a) Um presidente e três vogais militares;
b) Um auditor, que será juiz do tribunal, militar ou civil, mais próximo ou, não o havendo, qualquer indivíduo, militar ou civil, licenciado em Direito.

Código de Justiça Militar 65

2 – O presidente e os vogais são militares mais graduados ou mais antigos do que o arguido, presidindo o de maior posto entre eles.

3 – Não sendo possível constituir o tribunal militar extraordinário por falta de oficiais com o posto, graduação ou antiguidade exigidos por lei, ou do auditor, ou de qualquer outro requisito previsto na presente secção, é competente para julgar o feito o tribunal militar ordinário.

Artigo 133.º

Ministério Público

1 – Nos tribunais militares ordinários a promoção do processo cabe a gistrados do Ministério Público nomeados pelo respectivo Conselho Superior.

2 – Nos tribunais militares extraordinários e para cada processo é nomeado um oficial mais graduado ou mais antigo do que o arguido, de preferência licenciado em Direito, para desempenhar as funções de Ministério Público.

3 – As funções de secretário podem ser desempenhadas por qualquer oficial de menor graduação ou antiguidade que o oficial a que se refere o número anterior.

Artigo 134.º

Defensor

A defesa é exercida:

a) Nos tribunais militares ordinários, por advogado;

b) Nos tribunais militares extraordinários, por advogado ou, na impossibilidade, por licenciado em Direito.

Artigo 135.º

Competência dos tribunais militares

1 – O Supremo Tribunal Militar, os tribunais militares de 2.ª instância e os tribunais militares de 1.ª instância têm a competência prevista na lei para o Supremo Tribunal de Justiça, os Tribunais da Relação de Lisboa e do Porto e varas criminais de Lisboa e do Porto relativa aos processos por crimes de natureza estritamente militar, respectivamente.

2 – Os tribunais militares extraordinários têm a competência dos tribunais militares de 1.ª instância.

SECÇÃO II
DO PROCESSO NOS TRIBUNAIS MILITARES

Artigo 136.º

Princípios gerais

As disposições processuais estabelecidas para o processo em tempo de paz são observadas pelos tribunais militares em tempo de guerra, com as necessárias adaptações, salvas as modificações do artigo seguinte.

Artigo 137.º

Especialidades do processo nos tribunais militares extraordinários

1 – Nos tribunais militares extraordinários não há fase de instrução.

2 – Sem prejuízo do disposto para os tribunais militares extraordinários, todos os prazos processuais são reduzidos a metade.

3 – Nos crimes cometidos na área de operações, o comandante militar competente, quando os imperiosos interesses da disciplina ou da segurança das Forças Armadas, devidamente fundamentados, o exijam, pode determinar que o arguido seja preso e julgado pelo respectivo tribunal militar extraordinário, sem dependência da fase do inquérito.

4 – No caso previsto no número anterior, a proposta para a constituição do tribunal serve de base ao processo e deve conter tudo o que se acha prescrito para a acusação.

5 – A acusação é entregue ao acusado quarenta e oito horas, pelo menos, antes da data determinada para a reunião do tribunal e a contestação da acusação apresentada por escrito ou oralmente no início da audiência.

6 – Nos crimes previstos nos capítulos III e VII do título II do livro I serve de base ao processo o parecer de um conselho de investigação, extraordinariamente nomeado e composto por três oficiais, mais graduados ou antigos do que o arguido.

7 – As decisões do tribunal militar extraordinário são lidas aos arguidos, indicando-se-lhes o prazo de quarenta e oito horas para apresentar o requerimento de recurso, sendo a respectiva motivação apresentada, no prazo de sete dias, no tribunal recorrido.

8 – Nestes processos não são admitidas deprecadas e todos os actos da audiência são documentados na acta, podendo ser usados quaisquer meios idóneos para assegurar a sua reprodução integral.

9 – Em caso de recurso compete ao comandante militar determinar a situação em que o arguido aguarda a decisão, nomeadamente no que respeita ao serviço a prestar na pendência do recurso.

LEI N.º 101/2003, DE 15 DE NOVEMBRO

Aprova o Estatuto dos Juízes Militares e dos Assessores Militares do Ministério Público

A Assembleia da República decreta, nos termos da alínea *c*) do artigo 161º da Constituição, para valer como lei geral da República, o seguinte:

CAPÍTULO I

Disposição preambular

Artigo 1.º

Objecto

A presente lei regula o Estatuto dos Juízes Militares e dos Assessores Militares do Ministério Público.

CAPÍTULO II

Estatuto dos juízes militares

Artigo 2.º

Estatuto dos juízes militares

Enquanto durar o exercício de funções judiciais, os juízes militares estão sujeitos ao presente Estatuto e, complementarmente, ao Estatuto dos Militares das Forças Armadas ou ao Estatuto do Militar da Guarda Nacional Republicana, consoante os casos.

Artigo 3.º

Independência e inamovibilidade

Os juízes militares são inamovíveis e independentes, não podendo as suas funções cessar antes do termo da comissão de serviço, sem prejuízo do disposto no artigo seguinte.

Artigo 4.º

Cessação de funções

1 – As funções dos juízes militares cessam antes do termo da comissão de serviço quando se verifique uma das seguintes causas:

a) Morte ou impossibilidade física permanente;

b) Renúncia;

c) Exoneração.

2 – A renúncia, que não carece de aceitação, só produz efeitos após a sua comunicação ao presidente do Conselho Superior da Magistratura.

3 – Compete ao Conselho Superior da Magistratura, ouvido o Chefe do Estado-Maior do ramo respectivo ou o comandante-geral da Guarda Nacional Republicana (GNR), consoante os casos, verificar a impossibilidade física permanente, a qual deve ser previamente comprovada por uma junta médica militar.

4 – A cessação de funções é objecto de declaração publicada na 2ª série do *Diário da República.*

Artigo 5.º

Irresponsabilidade

1 – Os juízes militares só podem ser responsabilizados civil, criminal ou disciplinarmente pelas suas decisões, nos casos especialmente previstos na lei.

2 – A responsabilidade por crimes comuns ou estritamente militares efectiva-se em termos semelhantes aos dos demais juízes do tribunal em que os juízes militares exerçam funções.

3 – Fora dos casos em que o ilícito praticado constitua crime, a responsabilidade civil apenas pode ser efectuada mediante acção de regresso do Estado contra o juiz militar em causa.

Artigo 6.º

Regime disciplinar

Os juízes militares estão sujeitos, por factos praticados no exercício das suas funções, ao regime disciplinar previsto no Estatuto dos Magistrados Judiciais, com a ressalva das disposições relativas à avaliação do mérito.

Estatuto dos Juízes Militares e dos Assessores Militares do Ministério Público 69

Artigo 7.º
Acção disciplinar

Compete exclusivamente ao Conselho Superior da Magistratura o exercício da acção disciplinar sobre os juízes militares.

Artigo 8.º
Incompatibilidades

Os juízes militares não podem desempenhar qualquer outra função, pública ou privada, salvas as funções docentes ou de investigação científica de natureza jurídica ou militar, não remuneradas.

Artigo 9.º
Estatuto remuneratório

1 – Aos juízes militares são mantidos o vencimento ou a remuneração de reserva, conforme os casos, acrescidos dos suplementos a que tenham direito, sendo-lhes ainda abonado um terço da remuneração dos demais juízes do tribunal em que estejam colocados.

2 – O montante que venha a resultar da aplicação da regra referida no número anterior não pode ser superior à remuneração auferida pelos magistrados dos tribunais em que os juízes militares estejam colocados.

3 – O suplemento de exercício de funções judiciais a que se refere o presente artigo é devido exclusivamente pelo período de exercício das mesmas e não influencia a formação da remuneração de reserva ou da pensão de reforma.

Artigo 10.º
Honras e precedências

Os juízes militares gozam, salvo em cerimónias militares, das honras, garantias e precedências protocolares dos juízes dos tribunais em que forem colocados ou a que estiverem equiparados.

Artigo 11.º
Trajo profissional

O trajo profissional dos juízes militares é definido por portaria conjunta dos Ministros da Defesa Nacional, da Administração Interna e da Justiça.

CAPÍTULO III
MOVIMENTO DE JUÍZES MILITARES

Artigo 12.º

Distribuição de juízes militares

1 – Os juízes militares integram o quadro dos tribunais competentes para o julgamento de crimes estritamente militares, nos termos da Lei de Organização e Funcionamento dos Tribunais Judiciais e do Código de Justiça Militar.

2 – O quadro de cada um dos tribunais referidos no número anterior prevê, conforme os casos, vagas correspondentes às seguintes categorias:

a) A de juiz militar do Supremo Tribunal de Justiça, reservada aos vice-almirantes e tenentes-generais dos três ramos das Forças Armadas ou da GNR;

b) A de juiz militar da Relação, reservada aos contra-almirantes e majores-generais dos três ramos das Forças Armadas ou da GNR;

c) A de juiz militar de 1ª instância, reservada aos capitães-de-mar-e-guerra e coronéis dos três ramos das Forças Armadas ou da GNR.

Artigo 13.º

Nomeação

1 – A colocação de juízes militares nos quadros efectua-se por nomeação.

2 – Os juízes militares a que se referem as alíneas *a*) e *b*) do nº 2 do artigo 12º são nomeados, por escolha, de entre os oficiais na reserva; a nomeação pode recair em oficial na situação de activo, desde que o mesmo transite para a reserva até à tomada de posse.

3 – Os juízes militares de 1ª instância podem ser nomeados, por escolha, de entre oficiais nas situações de activo ou reserva.

4 – As nomeações a que se referem os números anteriores devem recair, de preferência, em oficiais possuidores da licenciatura em Direito.

5 – Não podem ser nomeados juízes militares os oficiais que:

a) Tenham sido definitivamente condenados em pena criminal privativa da liberdade pela prática de crimes dolosos;

b) Se encontrem definitivamente pronunciados por crimes comuns ou estritamente militares, até ao trânsito em julgado da decisão final.

Estatuto dos Juízes Militares e dos Assessores Militares do Ministério Público 71

Artigo 14.º

Movimento de juízes militares

1 – Os juízes militares são nomeados pelo Conselho Superior da Magistratura, sob proposta do Conselho de Chefes de Estado-Maior ou do Conselho Geral da GNR, conforme os casos.

2 – Em caso de exoneração ou vagatura de algum lugar previsto no artigo 12.º, o Conselho de Chefes de Estado-Maior ou o Conselho Geral da GNR, conforme os casos, submetem ao Conselho Superior da Magistratura uma lista de três nomes que preencham as condições legais para a nomeação e que fundamentadamente considerem os mais adequados para o desempenho do cargo a prover.

3 – O Conselho Superior da Magistratura pode proceder à nomeação de entre os nomes propostos ou solicitar a indicação de mais um nome ou a apresentação de nova lista, seguindo-se depois os mesmos trâmites.

Artigo 15.º

Regime

1 – A comissão de serviço dos juízes militares tem a duração de três anos e pode ser renovada uma vez, por igual período.

2 – A transição de juízes militares para as situações de reserva ou reforma é sustada durante a comissão de serviço e, bem assim, em caso de recondução, salvo declaração expressa em contrário do juiz militar em causa.

Artigo 16.º

Posse

1 – Os juízes militares do Supremo Tribunal de Justiça tomam posse perante o Presidente deste Tribunal.

2 – Os juízes militares da Relação e os juízes militares de 1ª instância tomam posse perante os presidentes dos Tribunais da Relação de Lisboa e do Porto, conforme os casos.

3 – A posse deve ter lugar nos 10 dias subsequentes à publicação do acto que determinou a colocação.

Artigo 17.º

Regime da exoneração

A exoneração dos juízes militares compete ao Conselho Superior da Magistratura, ouvido o Conselho de Chefes de Estado-Maior ou o Conselho Superior da GNR, consoante os casos.

Artigo 18.º
Causas de exoneração

São exonerados os juízes militares que:

a) Declarem, expressamente, desejar transitar para a situação de reforma, nos termos do nº 2 do artigo 15º;

b) Sejam definitivamente condenados por pena criminal privativa da liberdade;

c) Aceitem lugar incompatível com o exercício das suas funções.

Artigo 19.º
Suspensão de funções

Os juízes militares suspendem as respectivas funções nos mesmos termos dos magistrados judiciais.

CAPÍTULO IV

ASSESSORIA MILITAR

SECÇÃO I

ESTRUTURA E FUNÇÕES

Artigo 20.º
Assessoria Militar

1 – A assessoria ao Ministério Público nos processos por crimes estritamente militares é assegurada pela Assessoria Militar, composta por oficiais das Forças Armadas e da GNR.

2 – Integram a Assessoria Militar os Núcleos de Assessoria Militar dos Departamentos de Investigação e Acção Penal (DIAP) de Lisboa e Porto.

Artigo 21.º
Núcleos de assessoria militar

1 — Nos DIAP de Lisboa e Porto funcionam núcleos de assessoria militar, compostos por oficiais das Forças Armadas e da GNR, de categoria não inferior a primeiro-tenente ou capitão e em número não inferior a quatro por núcleo.

2 – Os núcleos de assessoria militar asseguram as funções a que se referem o artigo seguinte e o artigo 23º no âmbito das respectivas procuradorias-gerais distritais e dos DIAP.

3 – O Núcleo de Assessoria Militar do DIAP de Lisboa assegura igualmente o apoio ao Departamento Central de Investigação e Acção Penal.

Estatuto dos Juízes Militares e dos Assessores Militares do Ministério Público 73

4 – O Procurador-Geral da República pode fixar um número de assessores militares em cada um dos núcleos superior ao previsto no nº 1, de acordo com as necessidades de serviço.

SECÇÃO II
FUNÇÕES E REGIME DE INTERVENÇÃO

Artigo 22.º
Funções

Cabe aos assessores militares coadjuvar o Ministério Público:

a) No exercício da acção penal relativamente a crimes estritamente militares;

b) Na promoção e realização de acções de prevenção relativas aos crimes referidos na alínea anterior;

c) Na direcção da investigação dos crimes referidos nas alíneas anteriores;

d) Na fiscalização da actividade processual da Polícia Judiciária Militar;

e) Na promoção da execução de penas e medidas de segurança aplicadas a militares na efectividade de serviço.

Artigo 23.º
Regime de intervenção

1 — Para efeito do disposto no artigo anterior e sem prejuízo do demais apoio técnico que o magistrado responsável pelo processo lhes requeira, os assessores militares emitem sempre parecer prévio, não vinculativo, relativamente aos seguintes actos:

a) Requerimento de aplicação de medidas de coacção a militares na efectividade de serviço, bem como a sua revogação, alteração ou extinção;

b) Audição do Ministério Público para os efeitos previstos na alínea anterior, sempre que a aplicação, revogação, alteração ou extinção sejam decretadas oficiosamente ou a requerimento do arguido;

c) Dedução da acusação ou arquivamento de inquérito.

2 – O parecer a que se refere o número anterior é emitido por escrito, no prazo fixado pelo magistrado responsável; este pode, no entanto, por urgente conveniência de serviço, determinar que o parecer seja emitido oralmente, sendo reduzido a escrito logo que possível.

3 – Os assessores militares emitem parecer segundo o critério de intervenção previsto no nº 2 do artigo 115.º do Código de Justiça Militar, sem prejuízo de o magistrado responsável poder colher ainda os pareceres de outros assessores militares, se entender conveniente.

SECÇÃO III
NOMEAÇÃO E ESTATUTO

Artigo 24.º

Nomeação

1 — Os assessores militares são nomeados pelo Procurador-Geral da República, sob proposta dos Chefes de Estado-Maior respectivos ou do comandante-geral da GNR, consoante os casos.

2 — É correspondentemente aplicável o procedimento de nomeação dos juízes militares, com as necessárias adaptações.

Artigo 25.º

Estatuto

1 — Os assessores militares do Ministério Público desempenham as respectivas funções em regime de comissão normal e vencem de acordo com o posto respectivo.

2 — O exercício de funções na Assessoria Militar do Ministério Público só decorre em regime de exclusividade se o Procurador-Geral assim o determinar, genérica ou casuisticamente.

3 — Os assessores militares estão sujeitos ao dever de reserva que impende sobre os magistrados do Ministério Público, além dos deveres inerentes ao estatuto da condição militar.

4 — São ainda aplicáveis aos assessores militares os impedimentos previstos no artigo 117º do Código de Justiça Militar.

Aprovada em 18 de Setembro de 2003.

O Presidente da Assembleia da República, *João Bosco Mota Amaral.*

Promulgada em 3 de Novembro de 2003.

Publique-se.

O Presidente da República, JORGE SAMPAIO.

Referendada em 4 de Novembro de 2003.

O Primeiro-Ministro, *José Manuel Durão Barroso.*

DECRETO-LEI N.º 142/77, DE 9 DE ABRIL

1. A disciplina militar, conforme dispunha o artigo 1º do Regulamento Disciplinar de 2 de Maio de 1913, «é o laço moral que liga entre si os diversos graus da hierarquia militar; nasce da dedicação pelo dever e consiste na escrita e pontual observância das leis e regulamentos militares».

Segundo o mesmo Regulamento, ela obtém-se pela convicção da missão a cumprir e mantém-se pelo prestígio que nasce dos princípios de justiça empregados, do respeito pelos direitos de todos, do cumprimento exacto dos deveres, do saber, da correcção de proceder e da estima recíproca».

São estes, ainda hoje, os princípios fundamentais em que assenta a disciplina militar, condição indispensável para o cumprimento da missão histórica e nacional cometida às forças armadas e sem a qual não seria, nem será, possível a sobrevivência destas, seja em que quadrante for.

Mas, como projecção que são desses princípios, as normas regulamentares que regem as forças armadas não se cristalizam; antes evoluem de acordo com a própria evolução social.

As forças armadas constituem uma comunidade dentro da própria sociedade em que se inserem; como tal, inevitável será que, ao longo dos tempos, sofram no seu seio a influência do ambiente social que as cerca.

Essa influência, todavia, não pode ir além de determinados limites, sob pena de destruir o equilíbrio e a íntima coesão que as animam.

A comunidade militar – «instituição nacional», na expressão sintética, mas eloquente, da Constituição vigente – só poderá cumprir integralmente a missão que constitucionalmente lhe é atribuída, e que consiste na defesa de «independência nacional, da unidade do Estado e da integridade do território», se lhe forem garantidos os meios indispensáveis.

E um deles é a disciplina.

Sem esta não haverá forças armadas.

A *nenhuma* comunidade se exige tanto dos seus componentes corno à militar; sacrifício da própria vida é, mais do que um simples risco do serviço, um dever do soldado, em certos casos.

Tão especiais condições de serviço são, pois, incompatíveis com a existência de um estatuto idêntico ao dos restantes profissionais, sejam eles do sector público, sejam do privado.

A razão de ser do direito militar assenta na própria existência das forças armadas; se estas existem, aquele tem de subsistir.

2. O Regulamento de Disciplina Militar que agora se substitui, e cujas linhas fundamentais remontam ao de 1913, carecia de adaptação aos princípios informadores da nova sociedade portuguesa, traduzidos na Constituição da República.

Não podia deixar a nova lei fundamental do Estado de projectar os seus reflexos no âmbito das forças armadas e da legislação militar, sugerindo a consagração de soluções mais consentâneas com os tempos actuais, soluções essas que, todavia, e como é evidente, jamais deveriam sacrificar as imprescindíveis e intemporais exigências de unidade, força moral e eficiência das forças armadas.

Desta maneira, considerou-se conveniente atender a uma certa prática, radicada em velha tradição nacional, em que avultam, humanizados, os princípios da hierarquia e da autoridade como pressupostos indissociáveis do espírito dinâmico e consciente de missão. Ao mesmo tempo procurou-se reforçar a ética profissional, salvaguardar os diversos direitos e interesses em jogo e atribuir uma maior predominância e preocupação às regras da justiça.

Aproveitou-se ainda a oportunidade para introduzir algumas correcções e aperfeiçoamentos impostos pela experiência ou pelas necessidades, por forma a tornar o texto anterior mais adaptado ao espírito da nova época, expurgando-o de conceitos e regras ultrapassados, inúteis ou contraditórios.

3. As soluções adoptadas integram-se no contexto constitucional.

Na verdade, algumas foram – de inegável repercussão – as inovações introduzidas, tendo como objectivo fundamental a dignificação da função militar.

Assim, no campo substantivo, assinala-se a eliminação dos quartos de sentinela, guardas e patrulhas como medidas punitivas. Entendeu-se que a importância e grandeza destas tarefas mal se compadeciam com o seu carácter sancionatório e com os reflexos negativos sempre ligados à aplicação de qualquer castigo.

Interdita-se a prática de actividades políticas aos elementos das forças armadas na efectividade de serviço, aliás na sequência do artigo 275° da

Constituição e em conformidade com a doutrina fixada anteriormente na Lei n.º 17/75, de 26 de Dezembro.

Sublinha-se, por outro lado, o facto de o novo Regulamento acolher a ideia de aproximar e unificar no mesmo regime punitivo os oficiais e sargentos, em reconhecimento da nova realidade sócio-militar recentemente delineada.

Em matéria de processo, de todo omissa no Regulamento que ora se substitui, consagra-se formalmente o principio do contraditório (que, aliás, já vinha sendo observado na prática dos últimos anos), impondo-se a articulação da nota de culpa por forma a possibilitar uma ampla e completa defesa do arguido.

Reafirmam-se os direitos de recurso hierárquico e de queixa e, pela primeira vez, se regula o recurso contencioso das decisões do vértice da hierarquia.

Neste último aspecto, introduz-se uma modificação importante e totalmente nova: em matéria disciplinar, o *controle* jurisdicional dos actos punitivos é confiado ao Supremo Tribunal Militar. Por um lado, trata-se de um órgão constitucionalmente revestido de poder soberano, objectivo, imparcial e independente, cuja composição garante uma melhor preparação técnica na matéria, e, por outro lado, evita-se que se quebre a sequência normal da justiça militar. Aliás, contraditório seria confiar a esse órgão o conhecimento das mais graves infracções à disciplina no domínio criminal e negar-lhe essa competência em matéria de idêntica natureza mas de grau inferior.

Outro aspecto importante consiste nos novos moldes assinalados à intervenção dos conselhos superiores de disciplina.

Consagrados definitivamente como órgãos de consulta nos domínios mais relevantes do campo da disciplina, eles surgem não com qualquer carácter repressivo ou natureza jurisdicional, mas antes e apenas como instituto legal de defesa dos arguidos no âmbito administrativo-militar e, simultaneamente, como instrumentos de apoio à justiça, perfeição e segurança das decisões finais do executivo.

A aplicação prática do presente Regulamento será o seu melhor juiz.

Os ensinamentos que dela resultarem serão desde já recolhidos e analisadas em continuidade, por forma a constituírem objectivo e razão da sua reformulação, porventura mais profunda, quer nos seus conceitos, quer no seu articulado, ajustando sempre a exigência da evolução à perenidade dos princípios.

Nestes termos:

O Conselho da Revolução decreta, nos termos da alínea a) do n.º 1 do artigo 148.º da Constituição, o seguinte:

Artigo 1.º É aprovado o Regulamento de Disciplina Militar que faz parte integrante do presente diploma, para ter execução em todas as forças armadas.

Art. 2.º As dúvidas suscitadas na sua aplicação serão resolvidas por despacho interpretativo do Chefe do Estado-Maior-General das Forças Armadas.

Art. 3.º O Regulamento de Disciplina Militar entra em vigor no dia 10 de Abril de 1977.

Visto e aprovado em Conselho da Revolução em 1 de Abril de 1977.

Promulgado em 1 de Abril de 1977.

Publique-se.

O Presidente da República, ANTÓNIO RAMALHO EANES

REGULAMENTO DE DISCIPLINA MILITAR

TITULO 1

DA DISCIPLINA MILITAR

CAPITULO I

DISPOSIÇÕES GERAIS

Artigo 1.º

Conceito de disciplina

A disciplina militar consiste na exacta observância das leis e regulamentos militares e das determinações que de umas e outros derivam; resulta, essencialmente, de um estado de espírito, baseado no civismo e patriotismo, que conduz voluntariamente ao cumprimento individual ou em grupo da missão que cabe às forças armadas.

Artigo 2.º

Bases de disciplina

A disciplina deve encaminhar todas as vontades para o fim comum e fazê-las obedecer ao menor impulso do comando; coordenando os esforços de cada um, assegura às forças armadas a sua principal força e a sua melhor garantia de bom êxito. Para que a disciplina constitua a base em que judiciosamente deve afirmar-se a instituição armada, observar-se-á rigorosamente o seguinte:

1. Todo o militar deve compenetrar-se de que a disciplina, sendo condição de êxito da missão a cumprir, se consolida e avigora pela consciência dessa missão, pela observância das normas de justiça e do cumprimento exacto dos deveres, pelo respeito dos direitos de todos, pela

competência e correcção de proceder, resultantes do civismo e patriotismo que leva à aceitação natural da hierarquia e da autoridade e ao sacrifício das interesses individuais em favor do interesse colectivo.

2. Os chefes, principalmente, e em geral todos os superiores, não devem esquecer, em caso algum, que a atenção dos seus subordinados está sempre fixa sobre os seus actos e que, por isso, a sua competência, a sua conduta irrepreensível, firme mas humana, utilizando e incentivando o diálogo e o esclarecimento, sempre que conveniente e possível, são meios seguros de manter a disciplina. Serão responsáveis pelas infracções praticadas pelos subordinadas ou inferiores, quando essas infracções tenham origem em deficiente acção de comando.

3. O superior, nas suas relações com os inferiores, procurará ser para eles exemplo e guia, estabelecendo a estima recíproca, sem contudo a levar até à familiaridade, que só é permitida fora dos actos de serviço.

Tem ainda por dever curar dos interesses dos seus subordinados, respeitar a sua dignidade, ajudá-los com os seus conselhos e ter para com eles as atenções devidas, não esquecendo que todos se acham solidariamente ligados para o desempenho de uma missão comum.

4. Aos superiores cumpre instruir e exercitar os inferiores que sirvam sob as suas ordens no conhecimento da legislação em vigor.

São responsáveis pelas ordens que derem, as quais devem ser em conformidade com as leis e regulamentos, e, nos casos omissos ou extra-ordinários, fundadas na melhor razão. A obediência a tais ordens será pronta e completa. Em casos excepcionais, em que o cumprimento de uma ordem possa originar inconveniente ou prejuízo, o subordinado, estando presente o superior e não sendo em acto de formatura ou faina, poderá, obtida a precisa autorização, dirigir-lhe respeitosamente as reflexões que julgar convenientes; mas, se o superior insistir na execução das ordens que tiver dado, o subordinado obedecerá prontamente, assistindo-lhe, contudo, o direito de queixa à autoridade competente, pela maneira prescrita no artigo 75.º deste Regulamento.

5. A obediência é sempre devida ao mais graduado e em igualdade de graduação ao mais antigo. Exceptuam-se os casos em que qualquer militar seja investido em cargo ou funções de serviço, em relação aos quais seja determinado o contrário, por legislação especial.

Artigo 3.º

Conceito de Infracção de disciplina

Infracção de disciplina punível por este Regulamento é toda a omissão ou acção contrária ao dever militar que pelo CM não seja qualificada crime.

CAPITULO II

DEVERES MILITARES

Artigo 4.º

(Deveres militares)

O militar deve regular o seu procedimento pelos ditames da virtude e da honra, amar a Pátria e defendê-la com todas as suas forças até ao sacrifício da própria vida, guardar e fazer guardar a Constituição em vigor e mais leis da República, do que tomará compromisso solene segundo a fórmula adoptada, e tem por deveres especiais os seguintes:

1.º Cumprir as leis, ordens e regulamentos militares;

2.º Cumprir completa e prontamente as ordens relativas ao serviço;

3.º Respeitar e agir lealmente para com os superiores, subordinados ou de hierarquia igual ou inferior, tanto no serviço como fora dele, e usar entre si as deferências em uso na sociedade civil;

4.º Dar o exemplo aos seus subordinados e inferiores hierárquicos;

5.º Ser prudente e justo, mas firme na exigência do cumprimento das ordens, regulamentos e outras determinações, ainda que para tanto haja que empregar quaisquer meios extraordinários não considerados castigos, mas que sejam indispensáveis para compelir os inferiores à obediência devida, devendo neste último caso participar o facto imediatamente ao seu chefe;

6.º Ser sensato e enérgico na actuação contra qualquer desobediência, falta de respeito ou de outras faltas em execução, usando para esse fim de todos os meios que os regulamentos lhe facultem;

7.º Assumir a responsabilidade dos actos que praticar por sua iniciativa e dos que forem praticados em conformidade com as suas ordens;

8.º Informar com verdade o superior acerca de qualquer assunto de serviço;

9.º Dedicar ao serviço toda a sua inteligência, zelo e aptidão;

10.º Cumprir rigorosamente as normas de segurança militar e não revelar qualquer assunto, facto ou ordem que haja de cumprir ou de que tenha conhecimento, quando de tal acto possa resultar prejuízo para o serviço ou para a disciplina;

11.º Conservar-se pronto para o serviço, evitando qualquer acto imprudente que possa prejudicar-lhe o vigor ou aptidão física ou intelectual;

12.º Não tomar parte em manifestações colectivas atentatórias da disciplina, nem promover ou autorizar iguais manifestações, devendo como tais ser considerados quaisquer protestos ou pretensões ilegítimas referentes a casos de disciplina ou de serviço, apresentados por diversos militares, individual ou colectivamente, bem como as reuniões que não sejam autorizadas por autoridade militar competente;

13.º Conservar, em todas as circunstâncias, um rigoroso apartidarismo político.

Para tanto, é-lhe vedado:

a) Sendo do quadro permanente, na efectividade de serviço ou prestando serviço em regime voluntário:

Exercer qualquer actividade política sem estar devidamente autorizado;

Ser filiado em agrupamentos ou associações de carácter político;

b) Estando em serviço militar obrigatório, praticar durante o tempo de permanência no serviço activo nas forças armadas actividades políticas, ou com estas relacionadas, sem estar devidamente autorizado;

14.º Não assistir uniformizado e mesmo em trajo civil não tomar parte em mesas, fazer uso da palavra ou exercer qualquer actividade em comícios, manifestações ou reuniões públicas de carácter político, a menos que esteja devidamente autorizado;

15.º Não manifestar de viva voz, por escrito ou por qualquer outro meio, ideias contrárias à Constituição em vigor ou às instituições militares, ofensivas dos membros dos poderes institucionalmente constituídos, dos superiores, dos iguais e dos inferiores hierárquicos ou por qualquer modo prejudiciais à boa execução do serviço ou à disciplina:

16.º Não praticar, no serviço ou fora dele, acções contrárias à moral pública, ao brio e ao decoro militar;

17.º Não se valer da sua autoridade ou posto de serviço, nem invocar o nome de superior, para haver qualquer lucro ou vantagem, exercer pressão, vingança ou tomar desforço para qualquer acto ou procedimento oficial ou particular;

18.º Ser moderado na linguagem, não murmurar das ordens de serviço, não as discutir, nem referir-se a outros militares por qualquer forma que denote falta de respeito;

19.º Recompensar os seus subordinados, quando o merecerem, pelos actos por eles praticados ou propor superiormente a recompensa adequada, se a julgar superior à sua competência;

20.º Punir, no âmbito das suas atribuições, os seus subordinados pelas infracções que cometerem, participando superiormente quando ao facto julgue corresponder pena superior à sua competência;

21.º Cumprir completa e prontamente as ordens que pelas sentinelas, rondas, guardas e outros postas de serviço militar lhe forem transmitidas em virtude de instruções recebidas;

Regulamento de Disciplina Militar 83

22.º Não abusar da autoridade que competir à sua graduação ou posto de serviço;

23.º Zelar pela boa convivência, procurando assegurar a solidariedade e camaradagem entre os militares, sem desrespeito pelas regras de disciplina e da honra, e manter toda a correcção nas relações com os camaradas, evitando rixas, contendas ou discussões prejudiciais à harmonia que deve existir nas forças armadas;

24.º Zelar, no exercício das suas funções, pelos interesses das instituições militares e da Fazenda Nacional, cumprindo e fazendo cumprir as disposições legais a elas respeitantes;

25.º Não utilizar nem permitir que se utilizem instalações, armamento, viaturas e demais material em fins estranhos ao serviço, desde que para tal não exista a necessária autorização;

26.º Não arruinar, inutilizar ou por qualquer outra maneira distrair do seu legal destino os artigos de armamento, fardamento, equipamento ou outros quaisquer que lhe sejam necessários para o desempenho das obrigações do serviço militar, ainda que os tenha adquirido à própria custa;

27.º Diligenciar instruir-se, a fim de bem desempenhar as obrigações de serviço, conhecer as leis e regulamentos militares e ministrar esse conhecimento aos seus subordinados;

28.º Não se servir dos meios de comunicação social ou de outros meios de difusão para tratar assuntos de serviço, para responder a apreciações feitas a serviço de que esteja incumbido ou, mesmo, relativamente a questões em que tenha sido posta em causa a sua pessoa, participar o sucedido às autoridades competentes, as quais têm por dever empregar os meios conducentes a exigir responsabilidades, quando for caso disso;

29.º Usar de toda a correcção nas suas relações com a sociedade civil, tratando com as atenções devidas todas as pessoas, especialmente aquelas em casa de quem estiver aboletado, não lhes fazendo exigências contrárias à lei nem ao decoro militar;

30.º Fora da unidade, mesmo em gozo de licença, no País ou no estrangeiro, não perturbar a ordem e não transgredir qualquer preceito em vigor no lugar em que se encontrar, não maltratando os habitantes nem os ofendendo nos seus legítimos direitos, crenças, costumes e interesses;

31.º Não consentir que alguém se apodere ilegitimamente das armas que lhe estejam distribuídas ou à sua responsabilidade;

32.º Não fazer uso de qualquer arma sem ordem ou sem a isso ser obrigado pela necessidade imperiosa de repelir uma agressão contra si ou contra o seu posto de serviço;

33.º Apresentar-se com pontualidade no lugar a que for chamado ou onde deva comparecer em virtude das obrigações de serviço;

34.º Não se ausentar, sem a precisa autorização, do lugar onde deva permanecer por motivo de serviço ou por determinação superior;

35.º Cuidar da sua boa apresentação pessoal, mantendo-se rigorosamente equipado e uniformizado nos actos de serviço e, fora deste, quando faça uso de uniforme;

36.º Manter nas formaturas uma atitude firme e correcta;

37.º Cumprir, como lhe for determinado, o castigo imposto pelo superior;

38.º Aceitar, sem hesitação, alojamento, uniforme, alimentação e quaisquer vencimentos que lhe forem distribuídos;

39.º Não pedir nem aceitar de inferior hierárquico, como dádiva ou empréstimo, dinheiro ou qualquer objecto;

40.º Não aceitar quaisquer homenagens que não sejam autorizadas superiormente;

41.º Respeitar as autoridades civis, tratando por modo conveniente os respectivos agentes;

42.º Não infringir os regulamentos e ordens das autoridades policiais e da Administração Pública;

43.º Entregar as armas quando o superior lhe intime ordem de prisão;

44.º Manter hábitos de higiene;

45.º Cuidar da limpeza e conservação dos artigos de fardamento, armamento, viaturas, equipamento, arreios e outros quaisquer que lhe forem distribuídos ou estejam a seu cargo, bem como cuidar com zelo do cavalo, muar ou qualquer animal que lhe tenha sido distribuído para serviço ou tratamento;

46.º Não se apoderar de objectos ou valores que lhe não pertençam;

47.º Pagar as dívidas que contrair, em conformidade com os compromissos que tomou;

48.º Não tomar parte em descantes ou espectáculos públicos, quando não esteja devidamente autorizado;

49.º Não tomar parte em qualquer jogo, quando lhe seja proibido por lei;

50.º Participar, sem delongas, à autoridade competente a existência de algum crime ou infracção que descubra ou de que tenha conhecimento;

51.º Procurar impedir, por todos os meios ao seu alcance, qualquer flagrante delito e prender o seu autor, nos casos em que a lei o permita;

52.º Não interferir no serviço de qualquer autoridade, prestando, contudo, auxílio aos seus agentes, quando estes o reclamem;

53.º Declarar fielmente o seu nome, posto, número, subunidade, unidade, estabelecimento ou navio em que servir quando tais declarações lhe sejam exigidas por superior ou solicitadas por autoridade competente;

Regulamento de Disciplina Militar 85

54.º Não usar trajos, distintivos, insígnias ou condecorações a que não tenha direito ou, tendo-o, sem a precisa autorização;

55.º Não encobrir criminosos, militares ou civis, nem ministrar-lhes qualquer auxilio ilegítimo.

Artigo 5.º

A quem cabe cumprir os deveres militares

1. Os deveres a que se refere o artigo anterior serão cumpridos:

a) Por todos os militares prestando serviço efectivo;

b) Pelos militares do QP, QC e praças, nas situações de reserva, reforma ou inactividade temporária;

c) Pelos indivíduos equiparados a militares, enquanto ao serviço das forças armadas;

d) Pelos indivíduos que temporária e circunstancialmente fiquem sujeitos à jurisdição militar.

2. Os indivíduos referidos nas alíneas *b)*, c) e d) do número anterior ficam sujeitos apenas ao cumprimento dos deveres que, pela sua natureza e conforme as circunstâncias, lhes sejam aplicáveis.

3. Em todos os demais casos os militares são obrigados tão-somente ao cumprimento dos deveres 26.º, 33.º, 45.º, 53.º e 54.º.

TÍTULO II

DA COMPETÊNCIA DISCIPLINAR

CAPÍTULO I

PRINCÍPIOS GERAIS

Artigo 6º

Competência disciplinar

Os militares que exercem funções de comando, direcção ou chefia são os competentes para recompensar ou punir aqueles que lhes estejam efectivamente subordinados, sem prejuízo da excepção prevista na parte final do n.º1 do artigo 7.º A competência resulta do exercício da função, e não do posto.

Artigo 7.º

Subordinação funcional

1. A plenitude da competência disciplinar pertence ao comandante, director ou chefe do comando, unidade ou estabelecimento a que o militar pertence ou está adido, exceptuando-se dela apenas os actos ou omissões praticados no serviço ou serviços sob a dependência funcional de chefe diferente, ou com eles relacionados, e que por isso caem na alçada da competência disciplinar deste último.

2. Essa competência fixa-se no momento em que é praticado o acto que dá origem à recompensa ou punição e não se altera pelo facto de posteriormente cessar a subordinação funcional.

3. A subordinação funcional inicia-se no momento em que o militar, por título legítimo, fica sujeito, transitória ou permanentemente, às ordens de determinado comandante, director ou chefe, e dura enquanto essa situação se mantiver.

Artigo 8.º

Faculdade de alterar recompensas ou punições

1. Os comandantes de unidades independentes, os directores ou os chefes de estabelecimentos e as autoridades de hierarquia superior a estas têm a faculdade de atenuar, agravar ou substituir as penas impostas pelos subordinados quando, seguidamente à sua aplicação e mediante o formalismo adequado que no caso couber, reconheçam a conveniência disciplinar de usar dessa faculdade.

2. Qualquer militar poderá considerar como tendo sido dado por si o louvor conferido por subordinado seu.

Artigo 9.º

Militares em trânsito

1. Os militares, quando em trânsito, mantêm a dependência da sua unidade ou estabelecimento até à apresentação na unidade ou estabelecimento de destino.

2. Quando os militares transitarem integrados em unidades, o disposto no número anterior deve entender-se sem prejuízo da competência normal atribuída aos comandantes dessas unidades.

Artigo 10.º
Elogio ou advertência

1. Todo o militar pode elogiar ou advertir os seus subordinados ou inferiores hierárquicos por qualquer acto por estes praticado que não deva ser recompensado ou punido nos termos deste Regulamento.

2. Porém, qualquer que seja a sua graduação, nenhum militar o poderá fazer na presença de superior sem previamente lhe pedir autorização.

3. A advertência a qualquer militar não poderá ser feita na presença de militares de graduação inferior ou de civis seus subordinados.

Artigo 11.º
Ordem de prisão, detenção ou proibição de saída

1. Todo o militar pode ordenar a prisão ou detenção dos hierarquicamente inferiores sempre que o seu comportamento o justifique e assim o exija a disciplina.

2. Todo o militar é obrigado a intimar ordem de prisão aos hierarquicamente inferiores em caso do flagrante delito ou *grave* infracção de disciplina, devendo, se assim o exigirem as condições de gravidade, ocasião ou local, mandá-lo deter em qualquer local apropriado e recorrer a todos os meios que sejam absolutamente necessários para a manutenção da disciplina.

3. Quando o militar que ordenar a prisão, detenção ou proibição de saída não tiver competência para punir, deverá dar parte por escrito, imediatamente e pelas vias competentes, ao comandante, director ou chefe do comando, unidade ou estabelecimento a que pertencer, o qual resolverá como for de justiça se o militar detido lhe for subordinado, ou, caso contrário, enviará a participação ao chefe do comando, unidade ou estabelecimento do militar preso ou detido.

4. Quando um militar tiver conhecimento de que um seu inferior hierárquico, com indícios de embriaguez, está praticando acções contrárias à ordem pública, à disciplina ou à dignidade militar, ordenará que ele seja recolhido em lugar apropriado, recorrendo, sempre que for possível, à acção de camaradas de igual graduação para conseguir a sua detenção.

5. Um militar a quem for intimada ordem de prisão por algum superior ficará desde logo suspenso das suas funções de serviço, se nisso não houver inconveniente, até que a autoridade de quem depende o intimado delibere sobre o assunto.

6. O militar que receber ordem de prisão ou detenção ou proibição de saída apresentar-se-á seguidamente no aquartelamento, estacionamento ou navio onde esteja apresentado.

Artigo 12.º

Exercício de função correspondente a patente superior

O militar que assumir comando, direcção ou chefia a que organicamente corresponda posto superior ao seu terá, enquanto durar essa situação, a competência disciplinar correspondente à função que exerce.

Artigo 13.º

Comunicação de recompensa ou punição

1. O superior que recompensar ou punir um militar seu subordinado quando este esteja desempenhando qualquer serviço sob a dependência de outra autoridade militar dará logo conhecimento a esta autoridade da resolução que tiver tomado.

2. O militar que recompensar ou punir um seu subordinado pertencente a comando, unidade ou estabelecimento diferente dará conhecimento oportuno ao comandante, director ou chefe do referido comando, unidade ou estabelecimento da resolução que tiver tomado.

Artigo 14.º

Inexistência ou insuficiência de competência disciplinar

1. Os militares a quem por este Regulamento não é conferida competência disciplinar devem participar superiormente, por escrito, qualquer acto que tenham presenciado ou de que oficialmente tenham conhecimento praticado pelos seus inferiores hierárquicos e que lhes pareçam dever ser recompensado ou punido.

2. Do mesmo modo deverá proceder o militar que tenha de recompensar ou punir um subordinado por acto a que julgue corresponder recompensa ou pena superior à sua competência, participando o facto, por escrito, ao seu chefe imediato.

CAPITULO II

RECOMPENSAS

Artigo 15.º

Natureza das recompensas

Além das recompensas estabelecidas pela legislação e regulamentação em vigor podem ser concedidas as seguintes:

Regulamento de Disciplina Militar

1.º Louvor;
2.º Licença por mérito;
3.º Dispensa de serviço.

Artigo 16.º

Louvor

1. O louvor destina-se a recompensar actos ou comportamentos que revelem notável valor, competência profissional, zelo ou civismo.

2. O louvor pode ser colectivo ou individual.

3. O louvor é tanto mais importante quanto mais elevada for a hierarquia de quem o confere.

4. O louvor pode ou não ser acompanhado da concessão de uma licença por mérito.

Artigo 17.º

Licença por mérito

1. A licença por mérito destina-se a recompensar os militares que no serviço revelem dedicação acima do comum ou tenham praticado actos de reconhecido relevo.

2. A licença por mérito é uma licença sem perda de vencimento até trinta dias, não será descontada para efeito algum no tempo de serviço militar e terá de ser gozada no prazo de um ano, a partir da data em que for concedida.

3. A licença referida pode ser interrompida, por imperiosa necessidade de serviço, pelas entidades que têm competência para a conceder.

Artigo 18.º

Dispensa de serviço

1. A dispensa de serviço consiste na dispensa de formaturas ou de qualquer serviço interior ou exterior de duração de vinte e quatro horas que as praças desempenhem, não podendo exceder o número de três em cada trinta dias.

2. É concedida às praças que pelo seu comportamento a mereçam.

Artigo 19.º

**Competências dos chefes dos departamentos militares
e dos comandos superiores das forças armadas**

1. Aos Chefe do Estado-Maior-General das Forças Armadas, Chefes dos Estados-Maiores dos ramos das forças armadas, Vice-Chefes, directores de

departamento do Exército ou Subchefes de Estado-Maior da Força Aérea ou equivalentes, na Marinha, superintendentes de serviços na Marinha, Governador Militar de Lisboa, comandantes-chefes, comandantes navais e de zona marítima, comandantes de região militar ou comandantes de zona militar, comandantes de região aérea ou comandantes de zona aérea compete, na conformidade dos casos:

Louvar em Diário da República, ordem do ramo das forças armadas a que respeita, ordem do respectivo comando ou direcção e, ainda, mandar louvar em ordem de comando, unidade ou estabelecimento militar seus dependentes o pessoal que o mereça; conceder dispensas de serviços e as licenças a que se refere o artigo 17.º nos quantitativos indicados nos quadros anexos a este Regulamento.

2. Aos comandantes das forças agrupando unidades de um ou mais ramos das forças armadas compete:

Louvar os militares sob as suas ordens, que o mereçam, em ordem de comando ou de unidade sua subordinada, conceder dispensas de serviços e as licenças a que se refere o artigo 17.º nos quantitativos indicados nos quadros anexos a este Regulamento.

Artigo 20.º

Competência em exercício de inspecção

Os superintendentes de serviços, na Marinha, e os directores das armas e serviços, bem como os respectivos inspectores, quando em exercício de inspecção, têm a faculdade de louvar, em ordem de serviço da respectiva direcção, qualquer elemento pertencente às unidades, estabelecimentos ou serviços inspeccionados.

Artigo 21.º

Competência dos comandantes, directores ou chefes

Aos comandantes, directores ou chefes que por este Regulamento têm competência disciplinar compete:

Louvar os elementos sob as suas ordens, que o mereçam, em ordem de comando, unidade ou estabelecimento militar a que respeitem; ainda conceder dispensas de serviços e a licença a que se refere o artigo 17.º nos quantitativos indicados nos quadros anexos a este Regulamento.

CAPITULO III

PENAS DISCIPLINARES

Artigo 22.º

Repreensão

A repreensão consiste na declaração feita, em particular, ao infractor de que é repreendido por ter praticado qualquer acto que constitui infracção de dever militar.

Artigo 23.º

Repreensão agravada

A repreensão agravada consiste em declaração idêntica à referida no artigo anterior, tendo lugar nas condições seguintes:

1.ª A repreensão agravada a oficiais e sargentos é dada na presença de outros oficiais ou sargentos, respectivamente, de graduação superior ou igual à do infractor, mas sempre mais antigos, do comando, unidades ou estabelecimentos a que pertencer ou em que estiver apresentado;

2.ª A repreensão agravada a cabos é dada na presença de praças da mesma graduação de antiguidade superior à sua; e às outras praças é dada em formatura da companhia, ou equivalente, do comando, unidade ou estabelecimento a que pertencer ou que estiver apresentado.

Artigo 24.º

Nota de repreensão

No acto da repreensão, ou repreensão agravada, será entregue ao infractor uma nota da qual conste o facto que motivou a punição, com a indicação dos deveres violados.

Artigo 25.º

Faxinas

A pena de faxinas consiste na execução de serviços que, por regulamentos próprios da Marinha, do Exército e da Força Aérea, forem destinados às faxinas.

Artigo 26.º

Detenção ou proibição de saída

1. A detenção ou proibição de saída consiste na permanência continuada do infractor num aquartelamento ou navio durante o cumprimento da pena,

sem dispensa das formaturas e do serviço interno que por escala lhe pertencer.

2. Em marcha, tal pena será cumprida permanecendo o infractor no aquartelamento ou estacionamento em que a força se demorar.

3. Na Marinha o cumprimento desta pena é interrompido durante o tempo de navegação.

Artigo 27º

Prisão disciplinar

1. A prisão disciplinar consiste na reclusão do infractor em casa para esse fim destinada, em local apropriado, aquartelamento ou estabelecimento militar, a bordo em alojamento adequado, ou, na sua falta, onde superiormente for determinado.

2. Durante o cumprimento desta pena, os militares poderão executar, entre o toque da alvorada e o pôr do Sol, os serviços que lhes sejam determinados.

Artigo 28.º

Prisão disciplinar agravada

A prisão disciplinar agravada consiste na reclusão do infractor em casa de reclusão.

Artigo 29.º

Inactividade

A pena de inactividade consiste na suspensão das funções de serviço militar pelo tempo da punição, com permanência numa unidade.

Artigo 30.º

Reserva compulsiva

A reserva compulsiva consiste na passagem à situação de reserva, por motivo disciplinar, sem que o militar possa voltar a ser chamado ao desempenho de quaisquer funções.

Artigo 31.º

Reforma compulsiva

A reforma compulsiva consiste na passagem à situação de reforma por motivo disciplinar.

Artigo 32.º
Separação de serviço

A separação de serviço consiste no afastamento definitivo de um militar do exercício das suas funções, com perda da sua qualidade de militar, ficando privado do uso de uniforme, distintivos ou insígnias militares, com a pensão de reforma que lhe couber.

Artigo 33.º
Equivalência das penas disciplinares

Quando for necessário comparar penas de diferente natureza, deve entender-se que são punições equivalentes:
Um dia de prisão disciplinar agravada;
Dois dias de prisão disciplinar;
Quatro dias de detenção.

Artigo 34.º
Penas aplicáveis a oficiais e sargentos

1. As penas aplicáveis a oficiais e sargentos são as seguintes:

1.ª Repreensão;
2.ª Repreensão agravada;
3.ª Detenção ou proibição de saída;
4.ª Prisão disciplinar;
5.ª Prisão disciplinar agravada;
6.ª Inactividade;
7.ª Reserva compulsiva;
8.ª Reforma compulsiva;
9.ª Separação de serviço.

2. As penas de reserva compulsiva, reforma compulsiva e separação de serviço só poderão ser aplicadas em processo disciplinar após apreciação dos conselhos superiores de disciplina respectivos, ou quando resultem da apreciação da capacidade profissional e moral dos elementos das forças armadas que não revelem as qualidades essenciais para o exercício das suas funções militares, nos termos do artigo 134.º

Artigo 35.º
Penas aplicáveis a cabos

As penas aplicáveis a cabos são as seguintes:
1.ª Repreensão;

2.ª Repreensão agravada;
3.ª Detenção ou proibição de saída;
4.ª Prisão disciplinar;
5.ª Prisão disciplinar agravada.

Artigo 36.º

Penas aplicáveis a outras praças

As penas aplicáveis a outras praças são as seguintes.
1.ª Repreensão;
2.ª Repreensão agravada;
3.ª Faxinas;
4.ª Detenção ou proibição de saída;
5.ª Prisão disciplinar;
6.ª Prisão disciplinar agravada.

Artigo 37.º

Limites de competência para punir

1. A competência das autoridades militares para punir tem os limites indicados nas respectivas colunas do quadro anexo a este Regulamento, em conformidade com o disposto nos artigos seguintes.

2. O facto de ter sido atingido o limite de competência na aplicação de uma pena não impede que a autoridade que puniu torne a aplicar ao mesmo indivíduo penas da mesma natureza por novas faltas.

Artigo 38.º

Competência disciplinar do CEMGFA

O Chefe do Estado-Maior-General das Forças Armadas tem a competência disciplinar designada na coluna I do quadro a que se refere o artigo 37.º

Artigo 39.º

Competência dos Chefes dos Estados-Maiores dos ramos das forças armadas

1. Os Chefes dos Estados-Maiores dos ramos das forças armadas têm a competência disciplinar designada na coluna I do quadro a que se refere o artigo 37.º

2. É da competência exclusiva dos titulares referidos no número anterior decidir sobre pareceres dos CSD respectivos, relativos à aplicação das penas de reserva compulsiva, reforma compulsiva e de separação de serviço.

Regulamento de Disciplina Militar

Artigo 40.º
Competência disciplinar de outras entidades

A competência disciplinar das entidades não especificadas nos artigos deste Regulamento consta dos quadros anexos relativos à Marinha, ao Exército e à Força Aérea.

Artigo 41.º
Competência disciplinar dos comandantes de forças navais fora de portos nacionais

O comandante-chefe de uma força naval ou de um navio solto, fora dos portos nacionais, pode suspender um oficial das suas funções de serviço e comissão que estiver exercendo, no caso de infracção de disciplina a que corresponda pena que exceda a sua competência, e mandá-lo apresentar ao Chefe do Estado-Maior da Armada, acompanhado de um relatório circunstanciado dos factos que motivaram tal medida.

Quando, dada a primeira hipótese deste artigo, o infractor for comandante de navio, haverá para com ele o procedimento indicado, sempre que a pena a impor seja superior à de repreensão.

Artigo 42.º
Competência disciplinar de sargentos comandantes de forças separadas das unidades ou patrões de embarcações

Os sargentos que comandarem forças separadas das unidades ou forem encarregados de embarcações têm competência para punir os cabos e as outras praças com repreensão e faxinas até quatro, independentemente de processo disciplinar.

Artigo 43.º
Competência disciplinar dos comandantes das guardas e de outros postos

Os comandantes das guardas e de quaisquer postos podem impor a pena de repreensão por faltas ligeiras, independentemente de processo disciplinar.

Artigo 44.º
Momento do cumprimento da pena

As penas disciplinares serão cumpridas, sempre que seja possível, seguidamente à sua aplicação.

Artigo 45.º
Penas Impostas a recrutas

1. As penas de prisão disciplinar ou de prisão disciplinar agravada impostas a praças recrutas ou a outros militares frequentando cursos serão cumpridas a partir do dia imediato àquele em que terminem a instrução ou curso, excepto se puderem cumpri-las em data anterior, sem prejuízo daqueles cursos ou instrução.

2. O cumprimento da pena será, porém, imediato se o interesse da disciplina assim o exigir.

Artigo 46.º
Contagem do tempo

Na contagem do tempo da pena o mês considerar-se-á sempre de trinta dias, e o dia, de vinte e quatro horas, contados desde aquele em que a pena começa a ser cumprida, devendo, porém, terminar sempre à hora em que for rendida a parada da guarda no dia em que a pena cessar.

Artigo 47.º
Tempo de hospitalização

O tempo de permanência em hospital ou enfermaria de unidade por motivo de doença é contado para efeito de cumprimento das penas disciplinares, salvo se houver simulação.

Artigo 48.º
Infracções graves de disciplina durante o cumprimento de prisão disciplinar agravada

1. Quando os cabos e outras praças da Marinha, do Exército ou da Força Aérea, punidos com prisão disciplinar agravada, praticarem quaisquer faltas disciplinares graves durante o cumprimento desta pena, o comandante da unidade enviará ao comandante da região militar ou zona militar, superintendente dos Serviços de Pessoal da Armada, Chefe do Estado-Maior da Força Aérea ou entidade em quem este delegar propostas, devidamente fundamentadas, para a remoção daquelas praças para o depósito disciplinar, a fim de ali cumprirem o resto da pena que lhes tenha sido aplicada.

2. Quando as autoridades de que trata este artigo resolverem que as praças sejam removidas para depósito disciplinar, a permanência destas ali

Regulamento de Disciplina Militar 97

não poderá ser inferior a vinte dias, embora o resto da pena a cumprir seja inferior a este período.

3. A entrada destas praças no depósito disciplinar será na 3.ª classe deste, devendo a saída regular-se pelas disposições relativas à 2.ª classe do mesmo depósito, embora nesta não estejam classificadas.

Artigo 49.º

Apresentação de militares punidos

O militar que concluir o tempo de punição que lhe foi imposta apresentar-se-á a quem tiver por dever fazê-lo, segundo as prescrições regulamentares.

CAPITULO I V

Efeitos das penas

Artigo 50.º

Efeitos da pena de Inactividade

A pena de inactividade importa:

1) Transferência de guarnição, ou de unidade, na Marinha, após o cumprimento da pena;

2) Inibição de voltar à situação anterior antes de decorrido o prazo de quatro anos sobre a punição;

3) Baixa na escala de antiguidade de tantos lugares quantos forem indicados pelo valor x, desprezadas as fracções, dado pela fórmula:

$$x \ldots n / \frac{m}{12}$$

em que n representa a média de promoções ao posto imediato durante os últimos dez anos e m o número de meses de castigo;

4) Não ser contado para qualquer efeito como serviço efectivo o tempo de cumprimento da pena, sem prejuízo do direito às respectivas remunerações.

Artigo 51.º

Efeitos da pena de prisão disciplinar agravada

1. A pena de prisão disciplinar agravada, quando imposta a oficial ou sargento, implica:

a) Transferência de comando, unidade ou estabelecimento a que pertencer após o cumprimento da pena;

b) Inibição de voltar à situação anterior antes de decorrido o prazo de dois anos sobre a punição;

c) Não ser contado para qualquer efeito como serviço efectivo o tempo de cumprimento da pena, sem prejuízo do direito às respectivas remunerações.

2. A pena de prisão disciplinar agravada, quando imposta a oficiais ou sargentos do complemento, em serviço voluntário, para além do tempo de serviço militar obrigatório, implica a sua passagem à situação de disponibilidade ou de licenciado.

3. A pena de prisão disciplinar agravada, quando imposta a cabos ou outras praças, implica:

a) Transferência de comando, unidade ou estabelecimento a que pertencer após o cumprimento da pena;

b) Inibição de voltar à situação anterior antes de decorrido um ano sobre a punição;

c) Não ser contado para qualquer efeito como serviço efectivo o tempo de cumprimento da pena, sem prejuízo do direito às respectivas remunerações;

d) Passagem à situação de disponibilidade ou de licenciado, se estiverem voluntariamente ao serviço, após cumprido o tempo estabelecido para o serviço obrigatório;

e) Inibição de serem promovidos, reconduzidos ou readmitidos se num período de seis meses sofrerem punições que, por si ou suas equivalências, sejam iguais ou superiores a vinte dias.

Artigo 52.°

Efeitos da pena de prisão disciplinar

1. A pena de prisão disciplinar, quando imposta a oficial ou sargento, implica:

a) Transferência de comando, unidade ou estabelecimento a que pertencer após o cumprimento da pena;

b) Inibição de voltar à situação anterior antes de decorrido o prazo de um ano sobre a punição;

c) Desconto de um dia de serviço efectivo por cada dois dias de prisão disciplinar sofridos.

2. A pena de prisão disciplinar, quando imposta a cabos ou outras praças, implica:

Regulamento de Disciplina Militar

a) Inibição de serem promovidos, reconduzidos ou readmitidos se num período de seis meses sofrerem punições que, por si ou suas equivalências, sejam iguais ou superiores a quarenta dias;

b) Desconto de um dia de serviço efectivo por cada dois dias de prisão disciplinar sofridos.

Artigo 53.º
Efeitos de pena de detenção ou proibição de saída

A pena de detenção ou proibição de saída implica:

1) Para qualquer militar, a perda de um dia de contagem de tempo de serviço efectivo por cada quatro dias daquela punição sofridos;

2) Para oficiais e sargentos, a possibilidade de transferência de comando, unidade ou estabelecimento a que pertencer após o cumprimento da pena a pedido do punido ou sob proposta do comandante, director ou chefe;

3) Para cabos e outras praças, inibição de serem promovidos, reconduzidos ou readmitidos se num período de seis meses sofrerem punição que, por si ou suas equivalências, sejam iguais ou superiores a oitenta dias de detenção.

Artigo 54.º
**Produção de efeitos das penas, independentemente
do seu cumprimento**

Quando não haja ocasião de fazer cumprir efectivamente as penas disciplinares, todos os seus efeitos se produzirão como se elas fossem realmente cumpridas.

CAPITULO V
CLASSIFICAÇÃO DE COMPORTAMENTO

Artigo 55.º
Classificação de oficiais

1. Os oficiais são considerados com exemplar comportamento quando, após dez anos de serviço efectivo, não tenham sofrido qualquer punição averbada e nada conste no seu registo criminal.

2. Sempre que o comportamento for factor a considerar na avaliação de um oficial, a entidade interessada na avaliação socorrer-se-á dos elemen-

tos de informação constantes dos documentos de matrícula ou centralizados em departamento próprio.

3. Sempre que a um oficial tenham sido impostas penas disciplinares cujo somatório seja igual ou superior a vinte dias de prisão disciplinar, devem os comandos, unidades o estabelecimentos militares ou, eventualmente, o departamento central próprio organizar um processo individual a ser enviado à Superintendência do Serviço do Pessoal da Armada, ao respectivo comando da região militar ou zona militar do Exército ou à Direcção do Serviço de Pessoal da Força Aérea, para apreciação disciplinar do oficial.

Estas últimas entidades, obtido o parecer do conselho da arma, serviço ou especialidade, quando existam no respectivo ramo das forças armadas, deverão propor, se for caso disso, ao respectivo Chefe do Estado-Maior que o oficial seja submetido a apreciação pelo conselho superior de disciplina para, inclusivamente, ser considerada a sua eventual situação, conforme os artigos 30.º, 31.º e 32.º deste R. D. M.

Artigo 56.º

Classificação de sargentos

1. Os sargentos são considerados com exemplar comportamento quando, após cinco anos de serviço efectivo, não tenham sofrido qualquer punição averbada e nada conste no seu registo criminal.

2. Sempre que o comportamento for factor a considerar na avaliação de um sargento, a entidade interessada na avaliação socorrer-se-á dos elementos de informação constantes dos documentos de matrícula ou centralizados em departamento próprio.

3. Sempre que a um sargento tenham sido impostas penas disciplinares cujo somatório seja igual ou superior a trinta dias de prisão disciplinar, devem os comandos, unidades e estabelecimentos militares ou, eventualmente, o departamento central próprio organizar um processo individual a ser enviado à Superintendência do Serviço do Pessoal da Armada, ao respectivo comando da região militar ou zona militar do Exército ou à Direcção do Serviço de Pessoal da Força Aérea, para apreciação disciplinar do sargento.

Estas últimas entidades, obtido o .parecer do conselho da arma, serviço ou especialidade, quando existam no respectivo ramo das forças armadas, deverão propor, se for caso disso, ao respectivo Chefe do Estado-Maior que o sargento seja submetido a apreciação do conselho superior de disciplina para, inclusivamente, ser considerada a sua eventual situação, conforme os artigos 30.º, 31.º e 32.º deste R. D. M.

Artigo 57.º

Classificação de cabos e outras praças

Os cabos e outras praças serão, conforme o seu comportamento, classificados nas seguintes classes:

1ª classe – exemplar comportamento;
2.ª classe – bom comportamento;
3.ª classe – regular comportamento;
4.ª classe – mau comportamento.

Artigo 58.º

Classificação ordinária

1. A classificação de comportamento é feita, ordinariamente, nos meses de Janeiro e Julho, com referência ao último dia do semestre anterior, mas pode sofrer alterações no decurso do semestre, caso se verifique facto que leve à alteração de classificação.

2. Na Marinha, os comandantes de companhia, no Exército, os comandantes de companhia, bateria, esquadrão ou unidade equivalente, e na Força Aérea, os comandantes de esquadra ou unidade equivalente, ou de companhia, devem organizar nos primeiros oito dias úteis de Janeiro e de Julho um mapa demonstrativo da classificação de comportamento dos cabos e outras praças, conforme o modelo anexo a este Regulamento e de harmonia com as determinações do presente capítulo.

3. Os mapas referidos no número anterior, depois de verificados e visados pelos comandantes, directores ou chefes, conforme os casos, serão expostos durante três dias em local apropriado para que deles se tome conhecimento e se possam fazer reclamações, se for caso disso, as quais serão resolvidas como for de justiça.

As classificações de comportamento definitivas serão mandadas publicar em ordem de serviço dos comandos, unidades ou estabelecimentos nos dias 15 de Janeiro e 15 de Julho, sendo as mesmas escrituradas nas cadernetas militares e folhas de matrícula quando haja alteração da classificação anterior.

Artigo 59.º

Colocação na 1ª classe de comportamento

Os cabos e outras praças serão colocados na 1.ª classe de comportamento quando, decorrido o período mínimo de três anos de serviço efectivo sobre a sua incorporação, não tenham averbada qualquer punição e nada conste no seu registo criminal.

Artigo 60.º

Colocação na 2.ª classe de comportamento

Os cabos e outras praças são colocadas na 2.ª classe de comportamento:

a) Em seguida à incorporação;

b) Estando na 1.ª classe, logo que lhes seja imposta qualquer pena averbada inferior a dez dias de detenção ou proibição de saída;

c) Quando, encontrando-se na 3.ª classe desde a última classificação ordinária, não lhes tenha sido imposta, desde então, qualquer pena disciplinar averbada;

d) Nas condições do artigo 63.º

Artigo 61.º

Colocação na 3.ª classe de comportamento

Os cabos e outras praças serão colocados na 3.• classe de comportamento:

a) Estando na 2.ª classe, logo que lhes seja imposta qualquer pena que, por si ou sua equivalência, seja igual ou superior a dez dias de detenção ou proibição de saída, mas inferior a trinta dias da mesma pena;

b) Quando, encontrando-se na 2.ª classe desde a última classificação ordinária, tenham punições averbadas cujo somatório, por si ou suas equivalências, seja igual ou superior a dez dias de detenção ou proibição de saída, mas inferior a trinta dias da mesma pena;

c) Quando, encontrando-se na 4.ª classe desde a última classificação ordinária, não lhes tenha sido averbada, desde então, qualquer pena disciplinar;

d) Nas condições do artigo 63.º

Artigo 62.º

Colocação na 4.ª classe de comportamento

Os cabos e outras praças serão colocados na 4.ª classe de comportamento:

a) Estando na 3.ª classe, logo que lhes seja imposta qualquer pena que, por si ou sua equivalência, seja igual ou superior a vinte dias de detenção ou proibição de saída;

b) Estando na 1.ª ou 2.ª classes, logo que lhes seja imposta qualquer pena que, por si ou sua equivalência, seja igual ou superior a trinta dias de detenção ou proibição de saída;

Regulamento de Disciplina Militar

c) Quando, encontrando-se na 3.ª classe desde a última classificação ordinária, tenham punições averbadas cujo somatório, por si ou suas equivalências, seja igual ou superior a vinte dias de detenção ou proibição de saída;

d) Quando, encontrando-se em qualquer classe, sofra condenação por crime cujo efeito implique baixa de posto ou de classe.

Artigo 63.º

Ascensão imediata de classe de comportamento

1. Ascendem imediatamente à classe de comportamento seguinte àquela em que se encontrem, com excepção da 1ª classe de comportamento, os cabos e outras praças que prestem algum serviço extraordinário, pelo qual sejam louvados individualmente por comandante, director ou chefe ou, ainda, por autoridade de idêntica ou mais elevada categoria, desde que, em qualquer dos casos, sejam oficiais superiores.

2. Quando a entidade que louvar não for oficial superior, poderá propor a ascensão referida neste artigo.

Artigo 64.º

Militares na disponibilidade ou licenciados

Os militares que regressem ao serviço activo, a partir das situações de disponibilidade ou licenciado, serão considerados com a classificação de comportamento que tinham na data de passagem a qualquer daquelas situações, salvo qualquer alteração disciplinar ou criminal, ocorrida durante o período de interrupção do referido serviço.

Artigo 65.º

Subida de classe dos condenados criminalmente

Os cabos e outras praças que baixaram à 4.ª classe de comportamento por virtude de condenação criminal só poderão ascender à classe imediatamente superior decorridos seis meses após o cumprimento da pena, salvo os casos previstos no artigo 63.º

Artigo 66.º

Efeitos particulares de classificações de comportamento

1. Os cabos e outras praças classificados na 1.ª classe de comportamento terão preferência para gozar licença fora da respectiva escala, quando o serviço o permita.

2. Os cabos e outras praças classificados na 4.ª classe de comportamento não poderão ser promovidos, reconduzidos ou readmitidos ao serviço.

Artigo 67.º

Passagem para o depósito disciplinar

1. Os cabos e outras praças que baixaram à 4.ª classe de comportamento e que, durante a sua permanência nela, forem castigados com penas cujo somatório seja igual ou superior a quarenta dias de detenção ou proibição de saída ou que num período de seis meses forem castigados com penas cujo somatório seja igual ou superior a oitenta dias de detenção ou proibição de saída, convertendo-se assim, pela sua má conduta habitual, num mau exemplo, serão transferidos para a 3.ª classe do depósito disciplinar, onde permanecerão por espaço de sessenta dias, sujeitos ao regime disciplinar do referido depósito, devendo as condições de saída regular-se pelas disposições relativas à 2.ª classe do mesmo depósito, embora nestas não estejam classificados.

2. A transferência a que se refere neste artigo será ordenada pelo superintendente dos Serviços de Pessoal da Armada, comandantes de região militar ou de zona militar, comandante de região ou zona aérea, mediante proposta fundamentada do comandante da unidade, ou entidade correspondente, instruída com a nota de assentos da praça.

3. Os comandantes das unidades, nas suas propostas, indicarão se os militares, ao saírem do depósito disciplinar, no interesse da disciplina, devem ser transferidos para outra unidade.

Artigo 68.º

Segunda passagem para o depósito disciplinar

1. Os cabos e outras praças que, tendo sido transferidos uma vez para o depósito disciplinar, nos termos do artigo anterior, persistirem no cometimento de faltas e forem castigados com penas cujo somatório seja igual ou superior a sessenta dias de detenção ou proibição de saída, serão novamente transferidos para a 3.ª classe do mesmo depósito, onde permanecerão por espaço de cento e oitenta dias, sujeitos ao regime disciplinar do referido depósito.

2. Os cabos e outras praças que se encontrem nas condições deste artigo serão, ao terminar o referido período, transferidos para companhias disciplinares até terminarem o tempo de serviço militar obrigatório.

TITULO III
DO PROCEDIMENTO EM MATÉRIA DISCIPLINAR

CAPITULO I
REGRAS QUE DEVEM SER SEGUIDAS NA APRECIAÇÃO DAS INFRACÇÕES E NA APLICAÇÃO DAS PENAS DISCIPLINARES

Artigo 69.º

Participação de infracção disciplinar

O participante de uma infracção disciplinar deve procurar esclarecer-se previamente acerca das circunstâncias que caracterizam essa infracção, ouvindo, sempre que for conveniente e possível, o infractor.

Artigo 70.º

Regras a observar na apreciação das infracções

1. Na aplicação das penas atender-se-á à natureza do serviço, à categoria e posto do infractor, aos resultados perturbadores da disciplina e, em geral, a todas as circunstâncias em que a infracção tiver sido cometida.

2. As penas de reserva compulsiva, reforma compulsiva e separação de serviço correspondem aos factos e comportamentos objectivamente mais graves e lesivos da disciplina, cuja prática ou persistência revele impossibilidade de adaptação do militar ao serviço, bem como aos casos de incapacidade profissional ou moral, ou de práticas e condutas incompatíveis com o desempenho da função ou o decoro militar, mediante parecer do conselho superior de disciplina.

Artigo 71.º

Agravantes de responsabilidade disciplinar

As infracções disciplinares são sempre consideradas mais graves:

a) Em tempo de guerra;

b) Quando cometidas em país estrangeiro;

c) Quando cometidas por ocasião de rebelião, insubordinação ou em serviço da manutenção de ordem pública;

d) Sendo cometidas em acto de serviço, em razão de serviço ou na presença de outros militares, especialmente quando estes forem inferiores hierárquicos do infractor;

e) Sendo colectivas;

f) Sendo cometidas durante o cumprimento de pena disciplinar;

g) Quando afectarem o prestígio das instituições armadas, da honra, do brio ou do decoro militar;

h) Quando causarem prejuízo à ordem ou ao serviço:

i) Quando forem reiteradas;

1) Quanto maior for o posto ou a antiguidade do infractor.

Artigo 72.º

Atenuantes da responsabilidade disciplinar

São consideradas como circunstâncias atenuantes da responsabilidade disciplinar:

a) O cometimento de feitos heróicos, quando não constitua dirimente da responsabilidade disciplinar;

b) A prestação de serviços relevantes;

c) A provocação, quando consista em agressão física ou ofensa grave à honra do infractor, cônjuge, ascendentes, descendentes, irmãos, tios, sobrinhos ou afins nos mesmos graus e tenha sido praticada a infracção em acto seguido à provocação;

d) A confissão espontânea, quando contribua para a descoberta da verdade;

e) *O* exemplar comportamento militar;

f) *O* bom comportamento militar;

g) A apresentação voluntária.

Artigo 73.º

Singularidade das penas

1. Não se aplicará mais de uma pena disciplinar pela mesma infracção.

2. Será aplicada uma única pena pelas infracções que sejam, simultaneamente, apreciadas pela mesma entidade.

3. O procedimento disciplinar é independente do procedimento criminal, relativamente às infracções que não sejam qualificadas crimes essencialmente militares.

Regulamento de Disciplina Militar 107

CAPITULO II
QUEIXA

Artigo 74.º
Queixa

A todo o militar assiste o direito de queixa contra superior quando por este for praticado qualquer acto de que resulte para o inferior lesão de direitos prescritos nas leis e nos regulamentos.

Artigo 75.º
Termos e prazo em que deve ser apresentada e queixa

1. A queixa é independente de autorização, devendo ser antecedida pela informação do queixoso àquele de quem tenha de se queixar e será singular, em termos respeitosos e feita no prazo de quarenta e oito horas, por escrito ou verbal, e dirigida pelas vias competentes ao chefe do militar de quem se faz a queixa.

2. Na ausência do superior, a informação do queixoso a que se refere o n.º 1 deverá ser feita por escrito e enviada pelas vias competentes, no prazo indicado, à secretaria da unidade ou estabelecimento a que pertencer o militar de quem se faz a queixa.

3. A queixa contra chefe é feita à autoridade imediatamente superior.

4. Cabe recurso da decisão para autoridade imediatamente superior àquela que primeiro resolveu, no prazo de cinco dias.

Artigo 76.º [1]
Responsabilidade disciplinar de anomalias relativas a queixas

Quando manifestamente se reconheça que não houve fundamento para a queixa ou se mostre que houve propósito malicioso da parte do queixoso na sua apresentação, será o militar que tiver usado deste meio punido disciplinarmente, devendo tomar a iniciativa, para esse fim, a autoridade a quem for dirigida a queixa.

---

[1] A norma do artigo 76º, na parte em que prevê a punição do militar queixoso, quando "manifestamente se reconheça que não houve fundamento para a queixa", foi declarada inconstitucional, com força obrigatória geral, pelo Tribunal Constitucional, através do Acórdão n.º 90/88, publicado no DR, I Série, de 13 de Maio.

CAPITULO III
DO PROCESSO

SECÇÃO I
PROCESSO DISCIPLINAR

SUBSECÇÃO I
DISPOSIÇÕES GERAIS

Artigo 77.º

Carácter obrigatório imediato

O processo disciplinar é obrigatório e imediatamente instaurado, por decisão dos chefes, quando estes tenham conhecimento de factos que possam implicar a responsabilidade disciplinar dos seus subordinados.

Artigo 78.º

Carácter público

O exercício da acção disciplinar não depende de participação, queixa ou denúncia, nem da forma por que os factos chegaram ao conhecimento dos chefes.

Artigo 79º

Competência

1. A competência para instaurar ou mandar instaurar processo disciplinar coincide com a competência disciplinar.

2. Depois de instaurado e até ser proferida decisão, o processo disciplinar pode ser evocado por qualquer superior hierárquico do chefe até então competente.

Artigo 80.º

Celeridade e simplicidade

O processo disciplinar, dominado pelos princípios da celeridade e da simplicidade, é sumário, não depende de formalidades especiais e dispensará tudo o que for inútil, impertinente ou dilatório.

Regulamento de Disciplina Militar 109

Artigo 81.º

Confidencialidade

1. O processo disciplinar é confidencial.

2. A passagem de certidões de peças do processo disciplinar só é permitida quando destinadas à defesa de interesses legítimos e em face de requerimento especificando o fim a que se destinam.

3. É proibida a publicação de quaisquer peças do processo disciplinar.

Artigo 82.º [2]

Representação

O processo disciplinar não admite qualquer forma de representação, excepto nos casos de incapacidade do arguido, por anomalia mental ou física, bem como de doença que o impossibilite de organizar a defesa, casos em que, não havendo defensor escolhido, será nomeado pelo chefe competente um oficial, como defensor oficioso.

Artigo 83.º

Formas de processo

1. O processo disciplinar é escrito, devendo todas as diligências, despachos e petições constar em auto.

2. Quando em campanha, em situações extraordinárias ou estando as forças fora dos quartéis ou bases, poderão os chefes prescindir da forma escrita e proceder eles próprios, directamente, a todas as diligências instrutórias.

3. Da mesma forma poderão os chefes proceder, quando as infracções forem de pouca gravidade e não derem lugar à aplicação, no processo, de pena igual ou superior à de prisão disciplinar.

---

[2] A norma do artigo 82º foi declarada inconstitucional, com força obrigatória geral, pelo Tribunal Constitucional, através do Acórdão n.º 90/88, publicado no DR, I Série, de 13 de Maio, na parte em que não permite ao arguido escolher defensor e ser por ele assistido nos processos em que sejam aplicadas penas disciplinares privativas ou restritivas da liberdade, salvo se tal aplicação ocorrer quando se verifiquem os pressupostos previstos no n.º 2 do artigo 83.º do referido diploma e as circunstâncias objectivamente não permitirem a escolha ou a assistência de defensor.

Artigo 84.º

Escrituração

1. No processo disciplinar escrito, como nas petições a ele referentes, será usado papel não selado, de vinte e cinco linhas e marginado.

2. Poderão ser utilizadas nos vários actos do processo disciplinar folhas impressas, de modelo aprovado por despacho do Chefe do Estado-Maior respectivo.

3. O processo escrito deverá ser perfeitamente legível e, de preferência, dactilografado.

4. No caso previsto no n.º 2 deste artigo, os espaços que não forem preenchidos serão trancados.

5. Os autos não conterão entrelinhas, rasuras ou emendas que não sejam ressalvadas.

6. Neles poderão usar-se abreviaturas e siglas, quando tenham significado conhecido e inequívoco.

7. As datas e os números poderão ser escritos por algarismos; nas ressalvas, porém, os números que tenham sido rasurados ou emendados deverão ser escritos por extenso, quando tenham importância.

8. Cada uma das peças do processo deverá ser rubricada, em todas as folhas, pelas pessoas que a assinarem.

SUBSECÇÃO II

A INSTRUÇÃO

Artigo 85.º

O instrutor

1. O instrutor do processo disciplinar é, em regra, o chefe que determinou a sua instauração.

2. Quando este, porém, julgue necessário ou conveniente, e havendo processo escrito, poderá nomear para o efeito um oficial ou aspirante a oficial seu subordinado.

3. Se o arguido ou o participante for oficial ou aspirante a oficial, a nomeação do instrutor deverá recair num seu superior, de preferência em patente.

4. Para a nomeação de oficial instrutor o chefe recorrerá a uma escala de serviço, excepto quando o posto do arguido ou participante, as particularidades do caso ou os conhecimentos que a instrução do processo requerer exijam a escolha de um certo oficial.

Regulamento de Disciplina Militar

5. O oficial instrutor, depois de nomeado, só poderá ser substituído quando interesse ponderoso o justifique.

Artigo 86.°

Subordinação do oficial instrutor

No exercício das suas funções, o instrutor nomeado nos termos do n.°2 do artigo anterior está subordinado directamente ao chefe que o nomeou, devendo propor-lhe a adopção de todas as medidas processuais que não caibam dentro da sua competência.

Artigo 87.°

Escrivão

Quando a complexidade do processo ou outras circunstâncias o aconselhem, poderá o instrutor nomear ou propor a nomeação de um seu inferior para escrivão.

Artigo 88.°

Investigação dos factos

1. O instrutor deverá realizar todas as diligências que julgue necessárias para a descoberta da verdade, o esclarecimento dos factos e a definição da culpabilidade do arguido.

2. No exercício das suas funções, o instrutor poderá deslocar-se aos locais com interesse para o processo, bem como corresponder-se com quaisquer autoridades, e requisitar a nomeação de peritos, para proceder às diligências julgadas necessárias.

3. Quando o julgue conveniente, poderá também requerer, por ofício, a realização de qualquer diligência à autoridade militar mais próxima do local onde essa diligência se deverá executar.

4. As testemunhas serão ajuramentadas e, havendo processo escrito, assinarão, quando o souberem fazer, os depoimentos prestados; os declarantes não são ajuramentados, mas devem assinar, quando o souberem fazer, as suas declarações.

Artigo 89.°

Conservação dos indícios

Compete ao instrutor tomar as providências necessárias para que não se possa alterar o estado das coisas que constituem indício da infracção e que tenham interesse para o processo.

Artigo 90.º
Audiência do arguido

1. O arguido é sempre ouvido sobre o factos que constituem a sua arguição, qualquer que seja a forma do processo.

2. Na audiência, o arguido deverá ser convenientemente informado de todos os factos de que é acusado e ser-lhe-á facultada a apresentação da sua defesa, podendo dizer ou requerer o que julgue conveniente para essa defesa.

3. Para os efeitos prescritos no número anterior, o alvo nos casos em que não há processo escrito, o instrutor deverá entregar ao arguido uma nota de culpa e fixar-lhe um prazo compatível para a apresentação, por escrito, da sua defesa e a indicação de quaisquer meios de prova.

4. O instrutor deverá indeferir os pedidos que sejam manifestamente inúteis ou que se revelem prejudiciais à descoberta da verdade.

Artigo 91.º
Força probat6rla da participação de oficial

1. A parte dada por oficial contra um seu inferior e respeitante a actos por ele presenciados presume-se verdadeira e não carece de indicação de testemunhas.

2. A presunção referida no número anterior pode ser ilidida por prova em contrário.

Artigo 92.º
Prazo

1. A instrução do processo disciplinar escrito deverá ser concluída dentro de quinze dias, contados da data em que for instaurado.

2. Quando circunstâncias excepcionais não permitam concluir o processo no prazo determinado, o instrutor, findo ele, fará o auto presente ao chefe que o nomeou, com parecer justificativo da demora, competindo a este prorrogar o referido prazo na medida que julgar razoável.

Artigo 93.º
Conclusão e relatório

Logo que a instrução do processo esteja concluída e sendo instrutor um oficial nomeado para o efeito, deverá este logo lavrar termo de encerramento e apresentar o auto ao chefe que o nomeou, acompanhado de um relatório, onde exporá a sua opinião sobre os factos investigados e o seu parecer sobre a ilicitude dos mesmos factos e o grau de culpa do arguido.

Regulamento de Disciplina Militar

SUBSECÇÃO III

A DECISÃO

Artigo 94.º

Decisão

1. Se entender que a instrução do processo está completa, o chefe proferirá a sua decisão, mediante despacho escrito e fundamentado.

2. Se o processo tiver seguido a forma escrita, este despacho será lavrado no próprio auto ou junto a ele, imediatamente a seguir ao termo de encerramento da instrução.

Artigo 95.º

Conteúdo da decisão

1. No despacho referido no artigo anterior deverá constar se o processo é arquivado por falta de prova da culpabilidade do arguido, pela inocência deste ou por extinção do procedimento disciplinar, se se prova a responsabilidade do arguido e, neste caso, a sua punição, ou se o ilícito cometido tem a natureza de crime essencialmente militar.

2. Se o despacho for punitivo, deverá descrever de forma perfeitamente compreensível os factos praticados e referir os deveres militares infringidos correspondentes aos mesmos factos.

Artigo 96.º

Notificação de decisão

O despacho que contém a decisão do processo disciplinar, e seja qual for a forma deste, será integralmente notificado ao arguido e objecto de publicação em ordem de serviço.

SECÇÃO II

O PROCESSO DE AVERIGUAÇÕES

Artigo 97.º

Conceito

Quando haja vago rumor ou indícios de infracção disciplinar que não sejam suficientes ou sérios, ou desconhecidos os seus autores, poderão os chefes proceder ou mandar proceder às averiguações que julgarem necessárias.

Artigo 98.º

Decisão

1. Logo que confirmados os indícios de infracção disciplinar e identificado o possível responsável, encerrar-se-á a averiguação, devendo o oficial averiguante apresentar ao chefe que o nomeou um relatório concludente.

2. Se as averiguações constarem em processo escrito, poderão ser continuadas como processo disciplinar.

3. Se os indícios de infracção não forem confirmados ou se se desconhecer o responsável, e não sendo de continuar as averiguações, o processo será arquivado, por decisão do chefe que determinou a sua instauração.

SECÇÃO III

OS PROCESSOS DE INQUÉRITO E SINDICÂNCIA

Artigo 99.º

Inquérito

O inquérito destina-se à averiguação de determinados factos irregulares atribuídos a um serviço ou funcionário e que tenham incidência sobre o exercício ou o prestígio da função.

Artigo 100.º

Sindicância

A sindicância consiste numa averiguação geral ao funcionamento de um serviço suspeito de irregularidades.

Artigo 101.º

Competência

A competência para determinar a realização de inquéritos e sindicâncias pertence ao Chefe do Estado-Maior de que depende o serviço ou o funcionário suspeito.

Artigo 102.º

Regras de processo

Os processos de inquérito e sindicância regem-se pelas disposições contidas nos artigos seguintes e, na parte aplicável, pelas disposições gerais e referentes à instrução do processo disciplinar escrito.

Artigo 103.º
Publicidade da sindicância

1. No processo de sindicância, poderá o oficial sindicante, quando o julgar conveniente, fazer constar a sua instauração por anúncios publicados em um ou dois jornais da localidade, havendo-os, ou por meio de editais, a fim de que toda a pessoa que tenha razão de queixa contra o regular funcionamento dos serviços sindicados se apresente, no prazo por este designado.

2. A afixação de editais será requisitada às autoridades administrativas competentes.

Artigo 104.º
Prazo

O prazo para a instrução dos processos de inquérito e sindicância será o prescrito no despacho que os ordenou.

Artigo 105.º
Decisão

Concluído o processo e redigido o relatório do inquiridor ou sindicante, serão os mesmos apresentados imediatamente à entidade que determinou a sua instauração.

Artigo 106.º
Pedido de Inquérito

1. O militar que desempenhe ou tiver desempenhado funções de comando ou chefia pode requerer inquérito aos seus actos de serviço, desde que esses actos não tivessem sido objecto de qualquer processo de natureza disciplinar ou criminal.

2. O requerimento para este efeito carece de ser fundamentado e é endereçado ao Chefe do Estado-Maior de que dependia o requerente quando praticou esses actos.

3. O despacho que indeferir o requerimento deve ser fundamentado e integralmente notificado ao requerente.

4. No caso de se realizar o inquérito, deverá ser entregue ao requerente uma cópia ou um resumo das respectivas conclusões, salvo opondo-se a isso razão de Estado, da qual será dado conhecimento ao interessado.

SECÇÃO IV

MEDIDAS PREVENTIVAS

Artigo 107.º

Enumeração

Os arguidos em processo disciplinar poderão ser objecto das seguintes medidas preventivas durante a instrução do processo:

a) Transferidos de comando, unidade ou serviço:

b) Suspensos do exercício das suas funções, com perda de todos os inerentes benefícios, mas sem prejuízo do vencimento.

Artigo 108.º

Fundamentos e limites

1. A transferência preventiva só se justifica nos casos em que a presença do arguido na área onde os factos estão a ser investigados seja prejudicial às diligências instrutórias ou incompatível com o decoro, a disciplina ou a boa ordem do serviço.

2. A suspensão do exercício das funções só se justifica quando, não convindo transferir o arguido, ele não deva continuar a exercer as funções nas quais praticou os factos objecto do processo, por poder prejudicar as diligências instrutórias ou ser incompatível com o decoro ou a boa ordem do serviço.

Artigo 109.º

Natureza

As medidas preventivas têm natureza precária, pelo que deverão cessar logo que cesse o fundamento que as justificou, podendo ainda qualquer delas ser, a todo o tempo, substituída por outras conforme as necessidades do processo.

Artigo 110.º

Competência

1. A determinação das medidas preventivas é da competência do chefe que ordenou a instauração do processo, mediante proposta fundamentada do oficial instrutor, havendo-o.

2. Se o arguido, objecto da medida preventiva, for oficial, a competência pertence ao Chefe do Estado-Maior-General das Forças Armadas ou ao Chefe do Estado-Maior do respectivo ramo, conforme os casos.

Regulamento de Disciplina Militar 117

3. Em caso de urgência, o oficial instrutor poderá determinar a imediata transferência ou suspensão do arguido, devendo, porém, comunicar o facto e a sua justificação ao chefe competente, que a confirmará ou revogará.

4. A cessação das medidas preventivas será determinada por quem as decidiu.

Artigo 111.º

Relevância na decisão

As medidas preventivas adoptadas na instrução do processo disciplinar serão tomadas em consideração na decisão final, nos termos seguintes:

a) Se a decisão for de arquivamento, o militar objecto de qualquer dessas medidas será reintegrado em todos os direitos e funções que anteriormente usufruía e indemnizado dos abonos que deixou de perceber e, se a medida tiver consistido em transferência, a mesma será convertida em transferência por conveniência de serviço e o interessado poderá optar, mediante requerimento autónomo, pelo regresso à sua anterior situação, pela continuação na actual ou pela colocação numa terceira;

b) Se a decisão for condenatória, manter-se-ão os efeitos das medidas adoptadas, se outras não forem julgadas oportunas e convenientes.

SECÇÃO V

RECLAMAÇÃO

Artigo 112.º

Fundamentos

1. O militar punido disciplinarmente poderá reclamar nos seguintes casos:

a) Quando julgue não haver cometido a falta;

b) Quando tenha sido usada competência disciplinar não conferida por este Regulamento;

c) Quando o reclamante entender que o facto que lhe é imputado não é punível por este Regulamento;

d) Quando a redacção da infracção não corresponder ao facto praticado.

2. Não é permitido fazer-se reclamação debaixo de armas ou durante a execução de qualquer serviço.

Artigo 113.º

Termos e prazo

1. A reclamação deve ser singular e dirigida por escrito, pelas vias competentes, ao chefe que impôs a pena, no prazo de cinco dias contados daquele em que foi notificado o reclamante.

2. O chefe conhecerá das reclamações que lhe forem dirigidas, procedendo ou mandando proceder a averiguações sobre os seus fundamentos, no casa de não ter havido processo escrito; tendo-o havido, as mesmas averiguações só serão necessárias se a reclamação incidir sobre matéria nova.

3. As averiguações a que se refere o número anterior seguem a forma do processo escrito.

4. A reclamação e o processo respeitante às averiguações serão apensas ao processo disciplinar, no caso previsto na segunda parte do n.º2 deste artigo.

SECÇÃO VI

RECURSO HIERÁRQUICO

Artigo 114.º

Conceito e fundamento

1. Quando a reclamação não for, no todo ou em parte, julgada procedente, assiste ao reclamante o direito de recorrer para o chefe imediato da autoridade que o puniu, no prazo de cinco dias, contados daquele em que foi notificado da decisão de indeferimento.

2. Os fundamentos da reclamação não podem ser ampliados no recurso.

Artigo 115.º

Decisões hierarquicamente irrecorríveis

Das decisões do Chefe do Estado-Maior-General das Forças Armadas e dos Chefes dos Estados-Maiores dos diversos ramos não cabe, em matéria disciplinar, recurso hierárquico.

Artigo 116.º

Accionamento de recurso hierárquico

A autoridade recorrida, logo que receber o recurso, enviá-lo-á ao chefe imediato, acompanhado de todo o processo e de uma informação onde exporá as razões do indeferimento da reclamação.

Artigo 117.º

Apreciação de recurso hierárquico

1. O chefe a quem foi dirigido o recurso, tendo-se julgado competente para o apreciar, mandará proceder a novas averiguações, se as julgar necessárias para o apuramento da verdade.

2. O averiguante será um oficial de posto ou antiguidade superior à do recorrido.

3. As averiguações previstas neste artigo seguem a forma de processo escrito.

4. Nestas averiguações deverá proceder-se sempre à audiência do recorrente e à da autoridade recorrida.

5. Findas as averiguações, o oficial averiguante fará os respectivos autos conclusos à autoridade que o nomear, acompanhados de um relatório circunstanciado, onde exporá os factos averiguados e o seu parecer sobre os mesmos e os fundamentos do recurso.

Artigo 118.º

Falta de competência

Se o chefe a quem foi dirigido o recurso não se reconhecer competente para o apreciar, promoverá a sua remessa o autoridade competente.

Artigo 119.º

Decisão

1. O chefe que julgar o recurso decidirá se o mesmo procede, através de despacho fundamentado, exarado no próprio processo, podendo revogar, alterar ou manter a decisão recorrida, no todo ou em parte.

2. A decisão proferida nos termos do número anterior é definitiva.

SECÇÃO VII

RECURSO CONTENCIOSO

Artigo 120.º

Competência e fundamento

Das decisões definitivas e executórias dos Chefes dos Estados-Maiores dos ramos das forças armadas proferidas em matéria disciplinar cabe recurso contencioso para o Supremo Tribunal Militar, com fundamento em ilegalidade.

Artigo 121.º

Poder discricionário

1. O exercício de poderes discricionários só pode ser atacado com fundamento em desvio de poder.

2. O conhecimento do desvio de poder depende da demonstração pelo recorrente de que o motivo principalmente determinante da prática do acto recorrido não condizia com o fim visado pela lei na concessão do poder discricionário.

Artigo 122.º

Representação

O recorrente deve ser representado por advogado ou por oficial dos quadros permanentes de qualquer ramo das forças armadas, domiciliado ou prestando serviço na área dos concelhos de Lisboa e limítrofes.

Artigo 123.º

Prazo

O recurso é interposto no prazo de trinta dias, a contar da data da notificação da decisão recorrida.

Artigo 124.º

Petição

1. A petição de recurso é dirigida ao presidente do Supremo Tribunal Militar e será entregue no comando, unidade ou serviço onde o recorrente está apresentado, os quais anotarão, na própria petição, a data da apresentação e o número de documentos que a acompanham.

2. A petição deverá referir precisamente a decisão recorrida e expor os fundamentos de direito do recurso, concluindo pela enunciação clara do pedido.

Artigo 125.º

Accionamento de petição

1. Os serviços onde a petição foi apresentada enviá-la-ão imediatamente, pelas vias competentes, à entidade recorrida.

2. A petição, depois de se lhe apensar o processo disciplinar, será remetida no mais curto prazo de tempo ao Supremo Tribunal Militar.

3. O Chefe do Estado-Maior recorrido poderá, querendo, responder o que tiver por conveniente, no prazo de trinta dias.

Regulamento de Disciplina Militar 121

Artigo 126.º

Processo

O julgamento no Supremo Tribunal Militar obedecerá às normas de processo prescritas no Código de Justiça Militar, com exclusão da parte respeitante à discussão da causa em Sessão.

Artigo 127.º [3]

Limites do julgamento

O tribunal não poderá conhecer da gravidade da pena aplicada, nem da existência material das faltas imputadas aos arguidos, salvo quando se alegue desvio de poder.

Artigo 128.º

Execução de decisão

1. Decidido o recurso, o processo baixará à entidade recorrida para cumprimento da decisão do tribunal, nos seus precisos termos.

2. O recorrente será sempre notificado da decisão.

CAPITULO IV

CONSELHOS SUPERIORES DE DISCIPLINA

Artigo 129.º

Constituição

1. Em cada ramo das forças armadas e junto do respectivo Chefe do Estado-Maior, como órgão consultivo em matéria disciplinar, haverá um conselho superior de disciplina.

2. Cada conselho é composto por cinco oficiais generais, de preferência do activo, o mais antigo dos quais servirá de presidente, os quais serão nomeados anualmente pelo Chefe do Estado-Maior respectivo.

3. Nas faltas do presidente ou impedimentos dos membros do conselho aplicar-se-ão, subsidiariamente, as regras em vigor para idênticas situações dos juízes militares do Supremo Tribunal Militar.

---

[3] A norma do artigo 127º foi declarada inconstitucional, com força obrigatória geral, pelo Tribunal Constitucional, através do Acórdão n.º 207/2002, publicado no DR, I Série, de 25 de Junho.

Artigo 130.º

Promotor

1. Junto de cada conselho haverá um promotor, oficial superior, do activo ou da reserva, nomeado pelo Chefe do Estado-Maior do respectivo ramo.

2. Quando o oficial cuja conduta é submetida a parecer do conselho for oficial general, será nomeado para promotor *ad hoc* um oficial general, do activo ou da reserva, se possível mais antigo.

Artigo 131.º

Assessoria Jurídica

1. Sempre que necessário, poderá, junto de cada conselho superior de disciplina, haver um assessor jurídico, destacado pelo respectivo Chefe do Estado-Maior.

2. As funções de assessor jurídico são de assistência técnica ao conselho.

3. O assessor jurídico pode assistir às sessões do conselho, mas sem voto.

Artigo 132.º

Secretaria

1. Cada conselho superior de disciplina disporá de um secretário, oficial do activo ou da reserva, e do pessoal auxiliar que for julgado necessário.

2. É aplicável aos secretários o preceituado no n.º 3 do artigo 130.º.

Artigo 133.º

Funcionamento

1. Os conselhos superiores de disciplina são mandados convocar pelo respectivo Chefe do Estado-Maior, sempre que necessário.

2. Os conselhos não podem funcionar com menos de quatro membros, dispondo o seu presidente de voto de qualidade.

Se o parecer tiver de recair sobre oficial de posto superior ao do promotor, será igualmente nomeado para promotor *ad hoc* um oficial de maior posto ou antiguidade.

3. Por virtude de aglomeração de serviço, podem ser transitoriamente designados adjuntos dos promotores para os coadjuvarem no exercício das suas funções, os quais recebem a competência que lhes for delegada, podendo substituir os promotores sem prejuízo da orientação destes.

Artigo 134.º

Atribuições

Aos conselhos superiores de disciplina compete:

a) Assistir o Chefe do Estado-Maior em todas as matérias de natureza disciplinar que por este forem submetidas à sua consideração;

b) Dar parecer sobre a conduta de militares quando, através do processo disciplinar, se verifique poder haver lugar à aplicação das penas de reserva compulsiva, reforma compulsiva ou separação de serviço;

c) Dar parecer sobre a capacidade profissional de oficiais ou sargentos que revelem falta de energia, decisão ou outras qualidades essenciais para o exercício das suas funções militares;

d) Dar parecer sobre a capacidade moral de oficiais ou sargentos por factos que afectem a sua respeitabilidade, o decoro militar ou os ditames de virtude e da honra;

e) Dar parecer sobre a conduta de oficiais ou sargentos, quando o requeiram e lhes seja deferido pelo Chefe do Estado-Maior competente, no intuito de ilibarem a sua honra posta em dúvida por factos sobre os quais não tenha recaído decisão disciplinar ou judicial;

f) Dar parecer sobre os assuntos relativos a promoções ou informações que pelo respectivo Chefe do Estado-Maior forem submetidos à sua apreciação:

g) Dar parecer sobre os recursos de revisão.

Artigo 135.º

Procedimento

Mandado convocar o conselho superior de disciplina para dar parecer sobre a conduta ou capacidade de qualquer militar, o respectivo Chefe do Estado-Maior determinará o envio ao promotor junto daquele órgão dos seguintes documentos:

a) Ordem de convocação;

b) Relatório de acusação, subscrito, conforme os casos, pelo ajudante-general do Exército, pelo superintendente dos Serviços de Pessoal da Armada ou pelo Subchefe do Estado-Maior da Força Aérea para o pessoal, especificando claramente toda a matéria de acusação, com a indicação dos factos praticados e a sua qualificação;

c) Processo disciplinar, no caso de a apreciação recair sobre a conduta disciplina do arguido;

d) Processo individual do militar;

124 *Selecção Temática de Jurisprudência do Supremo Tribunal de Justiça*

e) Todos os documentos susceptíveis de esclarecer o conselho acerca dos factos constantes da acusação, da personalidade do arguido e de sua carreira militar.

Artigo 136.º

Autuação

Os documentos referidos no artigo anterior serão pelo secretário do conselho autuados, segundo a ordem indicada, formando o processo.

Artigo 137.º

Exame preliminar

1. O conselho superior de disciplina, na sua primeira sessão, tomará conhecimento do processo e designará o relator, por sorteio entre os vogais.

2. Seguidamente, deliberará sobre quaisquer diligências que, em seu prudente arbítrio, julgar necessárias para formar um juízo consciencioso e determinará que o arguido seja notificado da acusação, devendo ser-lhe entregue uma cópia do respectivo relatório.

Artigo 138.º

Defesa

1. O arguido, no prazo de dez dias, contados daquele em que foi notificado da acusação, poderá apresentar a sua defesa, por escrito, juntando os documentos e indicando as testemunhas que entender, desde que estas não excedam o número de cinco por cada facto e de vinte, no total.

2. O arguido pode ser representado por um oficial de qualquer ramo das forças armadas.

Artigo 139.º

Vistas

1. Entregue a defesa ou decorrido o prazo para a sua apresentação e feitas as diligências ordenadas pelo conselho nos termos do artigo 137.º, será dada vista do processo ao promotor, o qual poderá requerer tudo o que tiver por conveniente para a justiça.

2. Seguidamente, será facultada vista do processo ao arguido ou ao defensor, o qual poderá dizer ou requerer tudo o que julgar necessário para a sua defesa, indicar novas testemunhas ou substituir as que indicara, desde que não excedam o número prescrito no artigo anterior, bem como juntar documentos.

3. O prazo de vistas é de cinco dias para cada parte.

Artigo 140.º

Conclusão

1. Findas as vistas, o processo será concluso ao relator, que decidirá sobre os requerimentos apresentados pelo promotor e pela defesa.

2. Feitas as diligências instrutórias requeridas e que tiverem sido determinadas pelo relator, o processo ser-lhe-á de novo concluso.

3. Se o relator entender que o processo está pronto para apreciação pelo conselho, assim o declarará por despacho nos autos, promovendo a sua remessa ao presidente, para marcação da data da reunião do conselho.

Artigo 141.º

Reunião do conselho

1. Reunido o conselho em sessão, o presidente mandará entrar o arguido e o seu defensor, caso o haja, e dará a palavra ao relator, que fará uma exposição sobre os factos constantes do processo.

2. Seguidamente, o conselho interrogará o arguido e ouvi-lo-á sobre tudo o que entenda alegar a bem da sua defesa, podendo ele juntar ainda quaisquer documentos ou fazer aditamentos à mesma defesa.

3. Após a audiência do arguido, o presidente mandará entrar, pela ordem que entender, as testemunhas e mais pessoas com interesse para o processo, as quais serão ouvidas primeiro pelo relator e depois por qualquer membro do conselho, por iniciativa própria ou a requerimento do promotor e do arguido ou seu defensor.

4. A seguir, o presidente dará a palavra ao promotor e depois ao arguido ou ao seu defensor, para alegações, não podendo qualquer deles usar da palavra por mais de uma vez e de trinta minutos, prorrogável sempre que o presidente ou o conselho o entendam.

5. Tudo o que se passar na audiência não será reduzido a auto, mas anotado pelo secretário em acta.

6. A sessão é dirigida pelo presidente, mas a resolução de qualquer incidente suscitado durante a mesma compete ao conselho, precedente votação.

Artigo 142.º

Conferência

1. Recolhido o conselho para conferência, o presidente dará a palavra ao relator, que exporá os factos que constituem a acusação, citando os preceitos violados.

2. Seguidamente e depois de ouvido o assessor jurídico, se o houver, o relator formulará os quesitos, os quais serão submetidos à apreciação prévia do conselho.

3. Os quesitos devem conter todos os factos concretos imputados ao arguido e a sua qualificação, devendo ser redigidos com clareza e não ser deficientes nem compreender perguntas cumulativas, complexas ou alternativas.

4. Qualquer dos membros do conselho poderá reclamar dos quesitos apresentados ou propor a formulação de outros, em separado.

5. Tanto os quesitos formulados pelo relator como os propostos em separado serão submetidos à votação do conselho.

6. Terminada a votação, o relator redigirá a deliberação em conformidade com as respostas dadas aos quesitos.

Artigo 143.º

Deliberação

1. Na deliberação que proferir, o conselho discriminará os factos cuja acusação julgou procedente e a sua qualificação como ilícito, concluindo pela sujeição do arguido à medida disciplinar que no seu prudente arbítrio entender.

2. Poderá igualmente o conselho pronunciar-se pela passagem compulsiva do arguido às situações de reserva, de reforma ou pela separação de serviço, conforme se revele incompatível a sua permanência na efectividade de serviço ou nas fileiras.

Artigo 144.º

Decisão

A deliberação do conselho será enviada, no prazo de cinco dias, ao respectivo Chefe do Estado-Maior, para efeitos de decisão.

CAPITULO V

RECURSO DE REVISÃO

Artigo 145.º

Fundamentos

1. Os processos de disciplina militar deverão ser revistos sempre que tal for requerido, quando surjam circunstâncias ou meios de prova suscep-

Regulamento de Disciplina Militar 127

tíveis de demonstrar a inocência ou menor culpabilidade do punido e que este não tenha podido utilizar no processo disciplinar.

2. A simples alegação de ilegalidade, de forma ou de fundo, de qualquer parte do processo não constitui fundamento de revisão.

3. A revisão não pode ser pedida mais de uma vez pelos mesmos fundamentos de facto.

Artigo 146.º

Prazo

O prazo de interposição do recurso de revisão é de um ano a partir da data em que o interessado obteve a possibilidade de invocar as circunstâncias ou os meios de prova alegados como fundamento da revisão.

Artigo 147.º

Incapacidade ou falecimento

1. A revisão poderá ser pedida pelos descendentes, ascendentes, cônjuge, irmãos ou herdeiros do punido, caso haja falecido ou se encontre incapacitado.

2. Se o recorrente falecer ou se incapacitar depois de interposto o recurso, deverá este prosseguir oficiosamente.

Artigo 148.º

(Requisitos)

1. O requerimento de interposição da revisão deverá ser dirigido ao presidente do conselho superior de disciplina do ramo das forças armadas em que o militar prestava serviço à data da punição.

2. O requerente deverá, no requerimento inicial:

a) Identificar o processo a rever;

b) Mencionar expressamente as circunstâncias ou meios de prova em que fundamenta o pedido e as datas em que obteve a possibilidade de os invocar;

c) Juntar os documentos, ou requerer prazo para a junção dos que não possam desde logo ser juntos;

d) Requerer a efectivação das diligências que considere úteis para prova das suas alegações;

e) Indicar a indemnização a que se julgue com direito, fundamentando o pedido;

f) Juntar um certificado do registo criminal.

Artigo 149.º

Decisão final

1. Os conselhos superiores de disciplina concluirão pela procedência ou pela improcedência do pedido de revisão.

2. Na primeira hipótese, os conselhos superiores de disciplina poderão pronunciar-se pela inocência do arguido ou, apenas, pela sua menor culpabilidade.

3. As conclusões dos conselhos superiores de disciplina carecem de homologação dos respectivos Chefes do Estado-Maior, que a poderão negar por despacho fundamentado.

Artigo 150.º

Menor culpabilidade

1. Quando o conselho superior de disciplina conclua pela menor culpabilidade do arguido, deverá, necessariamente, indicar a medida e redacção da punição que considere adequada à menor culpabilidade.

2. Após homologação, a nova punição substitui, para todos os efeitos, a imposta no processo revisto, e considera-se cumprida desde que se encontre já extinta a punição anterior.

Artigo 151.º

Efeitos

1. A procedência da revisão produzirá os seguintes efeitos:

a) Cancelamento do registo da pena anterior, nos documentos de matrícula do militar, e averbamento da nova pena, no caso de menor culpabilidade;

b) Reintegração no activo, na reserva ou na reforma, conforme o caso dos arguidos que se encontrem na reserva compulsiva, na reforma compulsiva ou separados de serviço, no posto que o reabilitado teria normalmente atingido, ou a ascensão a tal posto no caso de militares que não tenham perdido ou hajam posteriormente recuperado esta qualidade, nos termos e condições já definidas, ou a definir, por portaria do titular da pasta do respectivo ramo;

c) Direito a uma indemnização pelos prejuízos morais e materiais sofridos, a fixar de acordo com o disposto no artigo 152.º

d) Contagem, para todos os efeitos, incluindo o da liquidação das respectivas pensões de reserva e de reforma, de todo o tempo em que o reabilitado permanecer compulsivamente afastado do serviço;

Regulamento de Disciplina Militar 129

e) Obrigação de o reabilitado pagar à Caixa Geral de Aposentações o quantitativo das quotas correspondentes ao período durante o qual esteve afastado do serviço.

2. Serão respeitadas as situações criadas a terceiros pelo provimento nas vagas abertas em consequência do castigo imposto no processo revisto, mas sem prejuízo da antiguidade do militar reabilitado.

3. São condições para poder beneficiar da reintegração não ter sido, posteriormente ao afastamento do serviço, condenado em pena maior ou abrangido pelo disposto no artigo 78.° do Código Penal.

Artigo 152.°

Indemnização

1. A indemnização prevista na alínea c) do n.°1 do artigo anterior será fixada atendendo, entre outros, aos seguintes factores:

a) Duração do afastamento do serviço;

b) Graduação do reabilitado;

c) Efeitos da punição anulada na sua carreira militar;

d) Diferença entre o montante dos vencimentos deixados de receber e os que o reabilitado terá provavelmente obtido como civil;

e) Situação económica do requerente;

f) Procedência total ou parcial da revisão.

2. O montante da indemnização não poderá ser superior ao pedido formulado no requerimento inicial, nem ultrapassar a totalidade, ou metade, dos vencimentos deixados de receber, conforme se trata de procedência total ou parcial, nem ser inferior à quantia que o reabilitado terá de pagar, nos termos da alínea *e)* do n.°1 do artigo anterior.

3. O Estado remeterá directamente à Caixa Geral de Aposentações a quantia referida na alínea e) do n.°1 do artigo 151.°, a qual é descontada no montante da indemnização.

CAPITULO VI

PRESCRIÇÃO, PUBLICAÇÃO, AVERBAMENTO E ANULAÇÃO DE RECOMPENSAS E PENAS

Artigo 153.°

Prescrição

1. O procedimento disciplinar prescreve passados cinco anos, a contar da data do cometimento da infracção, excepto nos casos de intervenção

130   *Selecção Temática de Jurisprudência do Supremo Tribunal de Justiça*

obrigatória do conselho superior de disciplina, em que tal procedimento é imprescritível.

2. As infracções *disciplinares* que resultem de contravenções prescrevem nos termos da lei geral.

3. No caso de o tribunal militar julgar que os factos de que o arguido é acusado constituem infracções de disciplina, a contagem do prazo de prescrição inicia-se com o trânsito em julgado da respectiva decisão.

4. A prescrição do procedimento disciplinar interrompe-se com a prática de qualquer acto de instrução.

Artigo 154.º

Publicação de recompensas e penas

As recompensas e as penas disciplinares impostas por qualquer autoridade militar serão publicadas na ordem do comando, unidade ou estabelecimento, com excepção das penas de faxinas, de repreensão e de repreensão agravada.

Artigo 155.º [4]

Redacção de recompensas e penas e seu averbamento

1. Na redacção de recompensas e punições deverá mencionar-se o facto ou factos que lhes deram origem e, tratando-se de punição, o número de ordem que o dever ou deveres militares infringidos tiverem no artigo 4.º deste Regulamento. Quando a infracção for abrangida pelos deveres 1.º ou 41.º do artigo 4.º, deverá mencionar-se o preceito legal infringido.

2. As recompensas e punições serão transcritas nos competentes registos nos precisos termos em que forem publicadas, devendo sempre mencionar-se a autoridade que concedeu a recompensa ou impôs a pena.

3. Serão averbadas nos respectivos registos:

a) Todas as recompensas em que os interessados sejam nominalmente designados, com excepção das dispensas de serviço;

b) As penas impostas por sentenças transitadas em julgado;

c) As penas disciplinares ainda que abrangidas pelo disposto no artigo 157.º deste Regulamento, com as excepções previstas no número 4.

4. As penas aplicadas aos militares até ao dia do juramento de bandeira só serão averbadas nos respectivos registos e só produzem efeitos futuros no caso de serem penas:

---

[4] Redacção dada pelo artigo 1.º do Decreto-Lei n.º 434-I/82, de 29 de Outubro.

Regulamento de Disciplina Militar　131

a) De prisão disciplinar agravada;

b) De prisão disciplinar;

c) De detenção ou proibição de saída quando superior a 5 dias, aplicados de uma só vez;

d) De detenção ou proibição de saída quando ao militar tenha sido aplicada anteriormente qualquer das penas referidas nas alíneas a), b) e c) anteriores.

Artigo 156.º

Anulação de penas, suas causas e seus efeitos

1. As penas disciplinares serão anuladas, nos termos dos artigos seguintes, pela prática de actos de valor, por efeitos de bom comportamento, por amnistia e em resultado de reclamação ou recurso atendidos.

2. As penas não produzirão quaisquer efeitos a partir da sua anulação, excepto quanto aos que forem expressamente ressalvados pela lei.

3. Os efeitos produzidos pelas penas até à sua anulação subsistem, salvo quando esta resulte de reclamação ou recurso atendidos.

Artigo 157.º

Anulação por bom comportamento

1. Serão anuladas as penas de prisão disciplinar agravada dez anos depois de terem sido aplicadas se durante esse lapso de tempo o militar não tiver sido punido disciplinarmente nem condenado por qualquer crime.

2. Serão anuladas todas as penas não superiores a prisão disciplinar cinco anos depois de terem sido aplicadas quando o militar durante esse lapso de tempo não tiver sido punido disciplinarmente nem condenado por qualquer crime.

3. Serão anuladas as penas de repreensão agravada e de repreensão e faxinas um ano depois de terem sido aplicadas se durante esse tempo não tiver sido imposta qualquer nova punição.

4. As penas referidas nos números anteriores ficarão anuladas, para todos os efeitos, quando o militar a quem tenham sido aplicadas for agraciado com qualquer grau da Ordem da Torre e Espada, Medalha de Valor Militar ou Cruz de Guerra, por actos praticados posteriormente à imposição das mencionadas penas.

Artigo 158.º

Registo da anulação de castigo

1. Em qualquer dos casos compreendidos nos artigos 156.º e 157.º averbar-se-á no registo correspondente uma contranota anulando o castigo e indicando o motivo de anulação. Por forma análoga se procederá quando, em virtude de reclamação ou recurso, a pena for alterada.

2. Nas notas extraídas dos registos não se fará menção dos castigos anulados nem da contranota que os anulou.

Artigo 159.º

Suspensão de prazos

Os prazos mencionados no artigo 157.º são suspensos em relação aos militares que se encontrem nas situações de disponibilidade ou licenciados.

Artigo 160.º

Indulto

O indulto não anula as notas das penas.

TITULO IV

DISPOSIÇÕES DIVERSAS, DISPOSIÇÕES TRANSITÓRIAS E FINAIS

CAPITULO I

PASSAGEIROS DO ESTADO EM TRANSPORTES MILITARES

Artigo 161.º

Deveres gerais

1. Os indivíduos embarcados em transportes militares ou ao serviço do Estado, como passageiros, devem proceder por forma que não alterem a ordem e disciplina de bordo, observando os respectivos regulamentos e ordens em vigor.

2. Os passageiros que a bordo cometerem quaisquer crimes serão entregues à autoridade competente no primeiro porto ou aeroporto nacional onde o transporte chegue, acompanhados do auto que deve levantar-se a bordo.

Regulamento de Disciplina Militar 133

Artigo 162.º

Passageiros não militares

1. Os passageiros do Estado, não militares, poderão ser obrigados a fazer serviço compatível com a sua aptidão e circunstâncias ocorrentes a bordo.

2. As penas que podem ser aplicadas aos passageiros não militares que cometam faltas são:

Repreensão;

Detenção ou privação de saída;

Desembarque antes de chegar ao seu destino.

3. Sempre que possível, a aplicação da última pena prevista no número anterior deverá obter o sancionamento da autoridade superior.

Artigo 163.º

Forças militares embarcadas

1. As forças militares que embarquem de passagem em transportes militares ou ao serviço do Estado ficam sujeitas aos regulamentos de bordo, continuando a reger-se pelo Regulamento de Disciplina Militar e de serviço interno, na parte compatível com aqueles.

2. O comandante mais graduado ou antigo das forças militares embarcadas desempenha as funções de comandante das forças embarcadas (CFE). Deverá auxiliar o comandante militar de bordo no respeitante às atribuições deste referidas no n.º 1 do artigo 164.º.

3. O comandante de uma força militar embarcada, quando punido a bordo com pena que implique a transferência, segundo este RDM, entregará, sempre que possível, o comando ao oficial mais graduado, ou mais antigo, pertencente à referida força.

Artigo 164.º

Comandante militar de bordo

1. O oficial mais graduado ou antigo, no desempenho de funções militares em transporte de qualquer natureza ao serviço do Estado, transportando forças militares ou/e militares isolados, será o comandante militar de bordo, ficando, porém, sujeito aos regulamentos de bordo do navio ou aeronave; tem por funções especiais a manutenção da disciplina das tropas e a coordenação do serviço interno das unidades, nos termos do artigo 163.º, designadamente regular procedimentos comuns às forças e aos militares embarcados, tais como: uniformes, horários e utilização das instalações do

transporte. Ainda lhe cabe agrupar em destacamentos os militares que não estejam integrados nas forças embarcadas ou atribuí-los às mesmas forças para efeitos de serviço a bordo e elaborar as ordens de desembarque das forças, quando as mesmas não tenham sido superiormente determinadas.

Será directamente auxiliado no desempenho das suas funções pelo comandante das forças embarcadas.

2. A competência disciplinar do comandante militar de bordo é a atribuída pelo artigo 40.º deste RDM, constante dos quadros anexos, coluna V, se outra mais elevada lhe não competir pelo mesmo RDM.

3. O comandante militar de bordo deverá seguir as determinações do capitão-de-bandeira, ou comandante de aeronave, nos assuntos que interessem às atribuições destes.

Artigo 165.º

Capitão-de-bandeira ou comandante de aeronave

1. Sempre que transportes marítimos sejam especialmente afretados pelo Estado como transportes de material de guerra ou de tropas, ou de um e de outras, será nomeado um oficial da classe de marinha para representar a bordo as autoridades navais, por intermédio das quais receberá todas as indicações para a comissão do transporte.

Será a única autoridade a bordo em tudo o que diz respeito à realização da viagem, segurança do transporte e à segurança do pessoal, tendo, para tais finalidades, autoridade sobre os comandantes dos transportes e seus tripulantes e sobre todos os passageiros, qualquer que seja a sua categoria.

Quando se trata de afretamento de transportes aéreos, a nomeação de um oficial piloto aviador para representar as autoridades aéreas deverá restringir-se aos casos em que for julgada necessária pela entidade que determinou o afretamento.

2. No caso de o capitão-de-bandeira ou comandante da aeronave ser oficial mais graduado ou antigo a bordo, assumirá cumulativamente as funções de comandante militar de bordo.

3. O capitão-de-bandeira ou comandante de aeronave, na acção disciplinar sobre o comandante do transporte, tripulantes e passageiros não directamente subordinados ao comandante militar de bordo, aplicará as penas estabelecidas nos diplomas que regulam as normas disciplinares respeitantes a navegações marítima ou aérea, conforme o caso, sempre que as autoridades de que depende não reservem para si esse direito.

4. Quando não se verificar o caso referido no n.º 2, o capitão-de--bandeira ou comandante de aeronave participará ao comandante militar de

Regulamento de Disciplina Militar

bordo as faltas cometidas pelos militares embarcados, o qual deverá dar conhecimento àqueles do procedimento disciplinar adoptado.

Se o capitão-de-bandeira ou comandante de aeronave entender que um oficial mais graduado ou antigo infringiu os regulamentos de bordo ou as suas determinações, na conformidade do n.º1, deverá participar tal facto superiormente, para devida resolução.

CAPITULO IX
OUTRAS DISPOSIÇÕES

Artigo 166.º
Competência para anular ou moderar o cumprimento de penas disciplinares

Os comandantes de unidades independentes, os directores ou chefes de estabelecimentos militares e as autoridades de hierarquia superior a estas poderão, para solenizar qualquer feriado nacional, facto notável ou data histórica, determinar o não cumprimento das penas impostas ou a impor e dos restos das penas impostas por si ou pelos seus subordinados, por falta cometidas até ao dia em que esta determinação for publicada em ordem.

Artigo 167.º
Regime disciplinar aplicável a aspirantes a oficial e a alunos

1. Para efeitos disciplinares, os aspirantes a oficial são equiparados a oficiais.

2. Os alunos das escolas de formação de oficiais e sargentos dos ramos das forças armadas estão sujeitos aos regimes disciplinares das respectivas escolas.

Artigo 168.º
Efeito de ausência ilegítima

Ao militar que se constituir em ausência ilegítima, além da pena disciplinar que lhe for imposta, será descontado no tempo de serviço efectivo aquele em que estiver ausente.

Artigo 169.º
Situação de serviço do militar com processo disciplinar pendente

1. O militar com processo disciplinar pendente deve ser mantido na efectividade de serviço enquanto não seja proferida decisão e cumprida a

136   *Selecção Temática de Jurisprudência do Supremo Tribunal de Justiça*

pena que lhe vier a ser imposta, salvo se lhe competir passagem às situações de reserva dentro do quadro permanente e de reforma ou tiver baixa definitiva de todo o serviço por incapacidade física.

2. Aos militares que tenham processo disciplinar pendente à data do termo da prestação de serviço militar obrigatório poderá ser concedida licença registada por trinta dias para conclusão e despacho do respectivo processo, ao fim dos quais deverão ter passagem à disponibilidade, a licenciados ou à reserva dos quadros de complemento.

a) Se a presumível infracção envolver danos pessoais ou materiais não qualificados crime, não poderá ser concedida licença registada ao presumível infractor, a fim de facilitar as diligências tendentes à comprovação ou não da sua culpabilidade;

b) Se após os trinta dias referidos no n.º 2 do presente artigo o infractor se encontrar a cumprir a pena imposta, o termo do serviço militar obrigatório só se verificará após o cumprimento da referida pena;

c) Se a infracção disciplinar militar for conhecida ou praticada depois de o infractor ter deixado a efectividade de serviço, poderá ser convocado para efeitos processuais ou de cumprimento de pena, se a autoridade competente o entender conveniente para a disciplina.

Artigo 170.º

Contravenções

1. O procedimento disciplinar por infracção ao dever 42.º extingue-se pelo pagamento voluntário da multa, quando se trate de contravenção unicamente punível com esta pena, sem prejuízo de procedimento se outro dever militar for cumulativamente infringido.

2. A pena só será aplicada se, decorrido o prazo de trinta dias, após a data em que o infractor houver sido notificado, em processo disciplinar, do cometimento da contravenção, não tenha efectuado o pagamento da multa.

Artigo 171.º

Divulgação dos preceitos essenciais do RDM

Além do conhecimento do RDM transmitido a todos os militares em períodos de instrução, deve estar sempre patente em local por modo adequado, em todos os quartéis de companhia, ou de efectivo inferior, e a bordo, o título I do presente Regulamento.

Regulamento de Disciplina Militar

CAPITULO X
Disposições transitórias e finais

Artigo 172.º [5]

Disposições transitórias sobra pessoal civil

1. Enquanto não for publicado estatuto próprio, o pessoal civil fica entretanto sujeito ao estatuto de cada estabelecimento ou serviço a que esteja afecto e, subsidiariamente, aos deveres constantes do artigo 4.º do RDM e demais legislação militar, na parte aplicável.

2. O pessoal civil fica sujeito às penas em seguida designadas, se outras não estiverem preceituadas no estatuto privativo do estabelecimento ou serviço a que esteja afecto, quando no cumprimento das suas obrigações cometa faltas de que resulte ou possa resultar prejuízo ao serviço ou à disciplina militar:

1.º Repreensão;

2.º Repreensão agravada;

3.º Suspensão de funções e vencimento até cento e oitenta dias;

4.º Despedimento do serviço.

---

[5] A norma do artigo 172º foi declarada inconstitucional, com força obrigatória geral, pelo Tribunal Constitucional, através do Acórdão nº 15/88, publicado no DR, I Série, de 3 de Fevereiro.

Quadro a que se refere o artigo 37º do RDM

Penas	Competência disciplinar							
	I	II	III	IV	V	VI	VII	VIII
Para oficiais:								
Repreensão	(a)	(a)	(a)	(a)	(a)	(a)	(a)	(a)
Repreensão agravada	(a)	(a)	(a)	(a)	(a)	(a)	(a)	(a)
Detenção	Até dez dias	Até dez dias	Até dez dias	Até oito dias	Até cinco dias	Até quatro dias	Até três dias	–
Prisão disciplinar	Até dez dias	Até dez dias	Até dez dias	Até oito dias	Até cinco dias	–	–	–
Prisão disciplinar agravada	Até trinta dias	Até vinte dias	–	–	–	–	–	–
Inactividade	De dois a seis meses	–	–	–	–	–	–	–
Para sargentos:								
Repreensão	(a)	(a)	(a)	(a)	(a)	(a)	(a)	(a)
Repreensão agravada	(a)	(a)	(a)	(a)	(a)	(a)	(a)	(a)
Detenção	Até vinte dias	Até vinte dias	Até vinte dias	Até dezoito dias	Até quinze dias	Até quinze dias	Até dez dias	Até cinco dias
Prisão disciplinar	Até vinte dias	Até vinte dias	Até vinte dias	Até quinze dias	Até dez dias	Até dez dias	Até cinco dias	–
Prisão disciplinar agravada	Até quarenta dias	Até trinta dias	Até vinte dias	Até dez dias	Até cinco dias	–	–	–
Inactividade	De dois a seis meses	–	–	–	–	–	–	–
Para cabos:								
Repreensão	(a)	(a)	(a)	(a)	(a)	(a)	(a)	(a)
Repreensão agravada	(a)	(a)	(a)	(a)	(a)	(a)	(a)	(a)
Detenção	Até quarenta dias	Até quarenta dias	Até quarenta dias	Até trinta e cinco dias	Até trinta dias	Até trinta dias	Até vinte dias	Até dez dias
Prisão disciplinar	Até trinta dias	Até trinta dias	Até trinta dias	Até vinte dias	Até quinze dias	Até quinze dias	Até dez dias	–
Prisão disciplinar agravada	Até sessenta dias	Até quarenta dias	Até trinta dias	Até vinte e cinco dias	Até vinte dias	–	–	–
Para outras praças:								
Repreensão	(a)	(a)	(a)	(a)	(a)	(a)	(a)	(a)
Repreensão agravada	(a)	(a)	(a)	(a)	(a)	(a)	(a)	(a)
Faxinas	Até doze dias	Até doze dias	Até doze dias	Até doze dias	Até doze dias	Até doze dias	Até dez dias	Até dez dias
Detenção	Até quarenta dias	Até quarenta dias	Até quarenta dias	Até trinta e cinco dias	Até trinta dias	Até trinta dias	Até vinte dias	Até dez dias
Prisão disciplinar	Até trinta dias	Até trinta dias	Até trinta dias	Até vinte dias	Até quinze dias	Até quinze dias	Até dez dias	–
Prisão disciplinar agravada	Até sessenta dias	Até quarenta dias	Até trinta dias	Até vinte e cinco dias	Até vinte dias	–	–	–

(a) A repreensão e a repreensão agravada são dadas nos termos dos artigos 22.º e 23.º deste Regulamento.

Regulamento de Disciplina Militar 139

Marinha

Relativo ao artigo 40.° do RDM

1. No exercício de funções previstas no artigo 6.° que sejam organicamente inerentes aos postos indicados, a competência disciplinar é:

Postos	Coluna do quadro	Licenças por mérito
Vice-almirante..................	II	25
Contra-almirante	III	20
Comodoro	IV	15
Capitãode-mar-e-guerra	V	10
Capitão-de-fragata.............	VI	10
Capitão-tenente	VII	5
Oficial subalterno	VIII	5

2. Os comandantes de unidades navais e de unidades independentes da Armada têm a competência disciplinar do escalão imediatamente superior.

Exército

Relativo ao artigo 40.° do RDM

1. No exercício de funções previstas no artigo 6.° que sejam organicamente inerentes aos postos indicados, a competência disciplinar é:

Postos	Coluna do quadro	Licenças por mérito
General de quatro estrelas .	II	25
General de três estrelas	III	20
Brigadeiros	IV	15
Coronéis	V	10
Tenentes-coronéis	VI	10
Majores	VII	5
Capitães...........................	VIII	–

2. Nos batalhões, companhias e unidades ou destacamentos equivalentes, quando independentes ou isolados, a competência dos respectivos comandantes ou de quem os substituir é a do posto imediatamente superior.

3. Os subalternos, comandantes, directores ou chefes de subunidades, destacamentos ou outros órgãos independentes ou isolados têm a competência equivalente à do posto de capitão.

4. O inspector geral do Exército e restantes inspectores têm a competência inerente ao seu posto no exercício das suas funções.

Força Aérea

Relativo ao artigo 40.º do RDM

No exercício de funções previstas no artigo 6.º que sejam organicamente inerentes aos postos indicados, a competência disciplinar é:

Postos	Coluna do quadro	Licenças por mérito
General de quatro estrelas .	II	25
General de três estrelas	III	20
Brigadeiros	IV	15
Coronéis	V	10
Tenentes-coronéis	VI	10
Majores	VII	5
Capitães	VIII	–

Observações. – 1. Os comandantes de grupo ou esquadra, quando independentes ou destacados, têm a competência que no quadro é atribuída aos postos imediatamente superiores.

2. Na Força Aérea, os inspectores (incluindo o IGFA) têm a competência disciplinar decorrente da sua função e posto, mas só a exercem sobre o pessoal do órgão que chefiem e nunca do que inspeccionem.

ANEXO

... batalhão   Unidade ...   ... companhia

Mapa demonstrativo da classificação de comportamento dos cabos e outras praças referida a...de...de...

Número	Posto	Classe de comporta-mento	Punições sofridas durante o semestre	Somatório	Classificação resultante	Observações

Visto... (b   **...(a)**

(a) Assinatura do comandante da companhia
(b) Rubrica do comandante do batalhão.

Conselho da Revolução, 1 de Abril de 1977. – O Presidente do Conselho da Revolução, António Ramalho Eanes

II.ª Parte

A JURISPRUDÊNCIA

Recurso 3500/04
Processo 3/2003 do 1.º Tribunal Militar Territorial do Porto
Arguido/recorrente: ANTÓNIO... [6]

MEDIDA DA PENA. PENA DE SUBSTITUIÇÃO. SUBSTITUIÇÃO
DA PENA CURTA DE PRISÃO. NULIDADES EM ROCESO PENAL.
FALTA DE FUNDAMENTAÇÃO DA DECISÃO.

(Acórdão de 2 de Dezembro de 2004)

Sumário:

I – A pena de prisão aplicada em medida não superior a seis meses
deve ser substituída por pena de multa ou por outra pena não privativa
da liberdade, excepto se a execução dessa pena de prisão for exigida pela

---

⁶ Prestou «termo de identidade e residência» em 02ABR03 (fls. 82), mas cumpre, **desde
14FEV03**, uma pena (remanescente) de 2 anos, 11 meses e 9 dias à ordem do processo
81/89.6TBVNC de Vila Nova da Cerveira (acórdão de **18JUL89** [*«Recolha o arguido à
reclusão militar»*], transitado em 02AGO89; crime de violência depois da apropriação de
03ABR89 [art.s 307.º e 306.3.*c* do CP]; pena parcelar de 5 anos de prisão e única [concurso
com os crimes por que fora condenado no processo 390/88-1 do 3.º Juízo de Famalicão]
de 6 anos e cinco meses de prisão convertida, «por virtude o estatuto militar em que se
encontra», em **6 anos e 5 meses de presídio militar**).

necessidade de prevenir o cometimento de futuros crimes, como se dispõe no artigo 44º, nº 1, do Código Penal.

II – E sendo a execução da pena de prisão aplicada em medida não superior a seis meses a excepção, e a sua substituição regra geral, deve a decisão que a manda executar conter a fundamentação relativa à necessidade de prevenir o cometimento de futuros crimes, o que não pode ser feito em despacho de sustentação.

III – A falta desta fundamentação constitui nulidade de conhecimento oficioso, previsto no artigo 379º, alíneas a) e c), e 2, do Código de Processo Penal.

M.L.M.G.

1. OS FACTOS

No dia 07 de Abril de 1988 o arguido apresentou-se no Ex-CICA 1 a fim de iniciar o cumprimento do SEN. No dia **25 de Julho de 1989**, pelas 21:40, encontrando-se detido na CR/RMN, dali se ausentou sem licença ou autorização e **evadiu-se** daquele estabelecimento prisional. Com tal acto, colocou-se, voluntariamente, na situação de **ausência ilegítima** e posteriormente na de **deserção**. No dia 25 de Julho de 1989, o arguido tinha mais de três meses de serviço militar efectivo e **constituiu-se em deserção no dia 2 de Agosto de 1989. No dia 28 de Julho de 2002, o arguido completou 35 anos de idade, motivo pelo qual cessaram as suas obrigações militares no dia 31 de Dezembro de 2002** (Cfr. art. 1º, n.º 6 da Lei n.º 174/99 de 21 de Setembro), não sendo possível a sua captura ou apresentação por já não possuir aquelas obrigações militares. Agiu livre, deliberada e conscientemente, bem sabendo que as ausências dos militares dos quartéis e estabelecimentos militares, sem autorização eram punidas por lei. Encontra-se na 2.ª Classe de Comportamento (Art. 60° do RDM). **O arguido encontra-se a cumprir a pena de dois anos, onze meses e nove dias de prisão, à ordem do processo n° 81/89.6TBVNC, do Tribunal Judicial de Vila Nova de Cerveira, desde 14.02.2003, por ter praticado um crime de detenção ilegal de arma de defesa (art. 6 da Lei n° 22/97), acórdão esse transitado em julgado no dia 02.08.1989.** Na altura da fuga, o arguido tinha dificuldades ao nível da integração familiar e social. Apesar de ter várias ocupações laborais teve sempre **dificuldades em adquirir uma estabilidade profissional.** Ainda hoje revela imaturidade e dificuldade em assumir as suas responsabilidades.

2. A CONDENAÇÃO

Com base nestes factos, o 1.º Tribunal Militar Territorial do Porto [7], em 02Jun04, condenou ANTÓNIO... (-28Jul67), como autor de um crime de *deserção simples* (art.s 142.1.*c* e 149.1.*a*.II) do CJM, na pena de **seis meses de prisão e igual tempo de multa**:

Todos os cidadãos portugueses estão sujeitos ao serviço militar e ao cumprimento das obrigações dele decorrentes, desde o dia 1 de Janeiro do ano em que completem 18 anos, até 31 de Dezembro do ano em que perfazem 35 anos de idade (v. art. 5. da Lei n.º 22/91 de 19 de Junho). Com a incorporação, o arguido adquiriu a qualidade de militar (vide acórdãos do STM de 28.10.87, 18.02.88, 17.11.88, 24.11.88, 21.12.88, entre outros, publicados na respectiva colectânea de acórdãos). **O Código de Justiça Militar pune, como autor de um crime de deserção, o militar que (...) esteja preso ou a cumprir qualquer pena, uma vez que não se apresente ou não seja capturado no prazo de oito dias a contar da fuga** (v. art. 142° al. c) n° 1). Como sabemos, **o crime de deserção tem natureza permanente**, cessando a execução e **consumando-se o crime com a apresentação voluntária, com a prisão do desertor ou com a perda da qualidade de militar.** A deserção foi consumada com a perda da qualidade de militar, uma vez que o arguido não se apresentou nem foi detido antes de 31.12.2002, data em que cessaram as obrigações militares. Nenhuma causa legal de justificação resultando provada nem alegada, é ilegítima, na medida em que é contrária ao Direito. Estão, pois, verificados os elementos objectivos do tipo legal previsto no art. 142 ° n. 1 al. c) do CJM, e, também, os subjectivos consubstanciados no dolo (directo) e na consciência da ilicitude da sua conduta, motivo pelo qual o arguido é punível, em abstracto, **com a pena de três a quatro anos de presídio militar**. Preceitua o n.º 1.**a** do [art. 142.º do] CJM: «Os sargentos e as praças que cometerem o crime de **deserção** serão condenados, em tempo de paz, a presídio militar de dois a três anos, se o desertor se tiver apresentado voluntariamente, e **de três a quatro anos** no caso contrário». Segue-se agora a tarefa de determinar a pena concreta, a partir da moldura aplicável: pena de presídio militar de três a quatro anos, sendo certo que esta pena, por o arguido ter perdido a qualidade de militar, terá que ser **substituída por pena civil** nos termos do n° 1 al. b) do **art. 46° do CJM** (a pena

---

[7] Cor. *Fernando da Costa Lourenço*, Juiz *Leonardo de Queirós* e Cor. *Pedro Moço Ferreira.*

de 3 a 4 anos de presídio militar **pela de prisão e multa correspondente**: v., tb., art.s 40^0, 41° e 47° do CP). No direito vigente, a aplicação de penas visa a protecção de bens jurídicos, entendida como tutela da crença e confiança da comunidade na sua ordem jurídico-penal, e a reintegração social do agente (artigo 40°, n° 1, do Código Penal). A pena não pode ultrapassar em caso algum a medida da culpa (artigo 40°, cit., n° 2), ou seja, não há pena sem culpa e a culpa decide da medida da pena. O Supremo Tribunal de Justiça resume assim a sua interpretação·dos fins das penas (cf. o acórdão do STJ de 12 de Março de 1997, no processo n° 1057/96; cf. ainda Figueiredo Dias, Os novos rumos da política criminal, separata da Revista da Ordem dos Advogados, 1983, p. 27): a) A prevenção geral positiva ou de integração é a finalidade primordial a prosseguir; b) Deste modo, a prevenção especial positiva nunca pode pôr em causa o mínimo de pena imprescindível à estabilização das expectativas comunitárias na validade da norma violada; c) Por sua vez, porém, a defesa da ordem jurídico-penal, tal como é interiorizada pela consciência colectiva, também nunca pode pôr em causa a própria dignidade humana do agente, que o princípio da culpa justamente salvaguarda; d) Por isso, a pena jamais pode ultrapassar a medida da culpa ou o máximo que a culpa do agente consente, independentemente de, assim, se conseguir ou não atingir o grau óptimo da protecção dos bens jurídicos; e) Desta forma, o espaço possível de resposta às necessidades de reintegração social do agente é o que se define entre aquele mínimo imprescindível à prevenção geral positiva e o máximo consentido pela sua culpa. O critério legal que servirá de guia da medida da pena é o do artigo 71°, n.os 1 e 2, do Código Penal, donde se conclui que a medida da pena se determina em função da culpa do agente e das exigências de prevenção, atendendo-se, no caso concreto, a todas as circunstâncias que, não fazendo parte do tipo de crime, deponham a seu favor ou contra ele. **Considerando que a ilicitude e a culpa pelo facto "são conceitos graduáveis" (Mezger, Derecho Penal, PG, Libro de Estudio, 1958, p. 384), ter-se-á em atenção o catálogo aberto das circunstâncias (n° 2 do artigo 71°) que entram em consideração como elementos fácticos da individualização da pena e que, desde logo, revelam o "peso" do desvalor da acção e do desvalor do resultado e a intensidade da realização típica** (Blei, Strafr, AT, 18° ed., 1983, p. 426). E entre essas circunstâncias, "no que toca à ilicitude, o grau de violação ou o perigo de violação do interesse ofendido, o numero dos interesses ofendidos e suas consequências, a eficácia dos meios de agressão utilizados; no que toca à culpa, o grau de violação dos deveres impostos ao agente, o grau de intensidade da vontade criminosa, os sentimentos manifestados no cometimento do crime, os fins ou motivos determinantes, a conduta anterior e posterior, a personalidade do agente; no que toca à influência da pena sobre o agente, as suas condições pessoais e a sua situação económica" (Manuel Simas Santos / Manuel Leal-Henriques, Noções elementares de Direito Penal). Como resulta da matéria de facto provada, o arguido **perdeu a qualidade de militar, motivo por que não há o risco de que mesmo venha a praticar ilícitos essencialmente militares**. Encontra-se **a cumprir pena efectiva** à ordem do processo n°81/89.6TBVNC, do Tribunal Judicial de Vila Nova de Cerveira, desde 14.02.2003, **acórdão esse transitado em julgado no dia 02.08.1989,** motivo por que, atenta a data da consumação do ilícito nestes autos (31.12.2002), **não há lugar à efectuação do cúmulo jurídico**. O arguido esteve **ausente desde 25.07.1989 a 28.07.2002**, o que denota um **elevado grau de ilicitude.** Tem a cultura equivalente ao **segundo ciclo de escolaridade. Confessou** os factos da acusação. Encontra-se na 2^8 classe comportamento. O arguido tem **antecedentes criminais** (v. CRC de fls. 66 e ss.). Os motivos que levaram o arguido a fugir da CR/RMN, estão relacionados com problemas de **imaturidade e juventude**. Assim, tendo **em atenção: a moldura penal abstractamente aplicável ao crime praticado pelo arguido**; o grau de ilicitude dos factos (elevado atento o tempo de ausência ilegítima); as circunstâncias em que o arguido os praticou (imaturidade e problemas de origem familiar); o grau de culpa do mesmo; as condições pessoais, sociais e económicas do arguido; a sua conduta anterior e posterior aos factos (o arguido encontra-se a cumprir pena efectiva de prisão) e a sua idade [21 anos] à data do primeiro dia de ausência, o tribunal, num juízo de ponderação, tudo avaliando e só pesando os factos provados o tribunal considera ajustada **a pena de seis meses de prisão e igual tempo de multa** ou seja cento e oitenta dias de multa, à razão diária de 2 euros, o que perfaz o montante de trezentos e sessenta euros, ou em alternativa, cento e vinte dias de prisão.

3. O RECURSO

3.1. Inconformado, o arguido [8] recorreu em 17Jun04 ao STM, pedindo a redução da pena e a sua suspensão:

---

[8] Adv. *Pedro Mascarenhas.*

"Os sargentos e praças que cometerem o crime de deserção serão condenados, a presídio militar de dois a três anos, se o desertor se tiver apresentado voluntariamente, e de três a 4 anos no caso contrário". O tribunal "a quo" subsumiu os factos dados como provados à parte final do preceito em causa, **considerando que o arguido não se apresentou voluntariamente no prazo legal.** Face aos factos dados como provados, nomeadamente de que o arguido e encontra a cumprir pena de dois anos, dois meses e nove dias de prisão à ordem de um processo que transitou em julgado em Agosto de 1989, o tribunal não pode ter a certeza de que aquele se não apresentou voluntariamente, já que nada se diz quanto ao modo como o arguido iniciou o cumprimento da pena tão tardiamente! Não podendo o tribunal ignorar que o máximo da pena de prisão aplicável ao crime pelo qual o arguido se encontra preso não ultrapassa os 3 anos, e constando da matéria de facto provada que o acórdão condenatório respectivo transitou em julgado em 1989, fácil será perceber que **só recentemente o arguido se encontra privado da liberdade** e, não constando se tal privação foi voluntária ou coerciva, não se pode, face à norma constitucional invocada, presumir a segunda alternativa, não restando outra que não a primeira! Viola o princípio "in dubio pro reo" ínsito no art. 32° da CRP a desvalorização dos factos que poderiam beneficiar o arguido, em favor dos que o prejudicam, já que compete à acusação demonstrar e provar a agravante em questão, pelo que **a moldura penal aplicável devia ter sido estreitada para o máximo de três anos**, inconstitucionalidade que aqui expressamente se argui para os devidos efeitos. Os factos pelos quais o arguido se encontra a cumprir pena reportam-se a data anterior a Agosto de 1989, sendo que depois dessa data não consta mais nada no cadastro daquele. Mesmo que apenas por presunção, o arguido encontra-se voluntariamente detido a cumprir o resto da pena aplicada em cúmulo jurídico, sendo que o tribunal "a quo" salienta que, face à perda da qualidade de militar do arguido, não existe perigo de que o arguido volte a cometer ilícitos essencialmente militares. Assim, e **porque pouco falta para o cumprimento integral da pena pela qual se encontra o arguido detido**, e tudo ponderado, **deverá a pena aqui aplicada ser suspensa na sua execução**. Foi violado o art. 50° do C. Penal, aplicável subsidiariamente ao CJM, por não ter sido aplicado, como devia, para além do referido art. 32° da CRP, e do art. 149°/1, a) do CJM, na interpretação efectuada pelo douto acórdão.

A Jurisprudência

3.2. O juiz auditor, em 05JUL04, sustentou a decisão recorrida:

Contra o arguido António... deduzido libelo acusatório, em 14.02.2003, sendo-lhe imputado a prática de um crime de deserção, p. e p. pelos art.s 142° n.° 1, alínea a), e 149° n.° 1 alínea a), 2.ª parte, ambos do CJM (v. fls. 60). Por tais factos, foi condenado na pena de seis meses de prisão e igual tempo de multa, ou seja, cento e oitenta dias de multa à razão diária de 2 euros, o que perfaz o montante de trezentos e sessenta euros ou em alternativa, cento e vinte, dias de prisão. Em audiência de julgamento o arguido confessou os factos descritos no libelo acusatório confissão esta que tem o regime que lhe é próprio e que se encontra previsto no art. 344° do CPP). Provou-se que o arguido se encontra a cumprir a pena de dois anos, onze meses é nove dias à ordem do processo n° 81/89.6TBVNC, do Tribunal Judicial de Vila Nova de Cerveira, acórdão esse, transitado em julgado no dia 02.08.1989, desde o dia 14.02.2003. Não se provou que o arguido, antes de ter completado 35 anos de idade, se tivesse apresentado às autoridades policiais ou em qualquer unidade ou estabelecimento militar a fim de pôr termo à situação antijurídica em que se encontrava (deserção). Não se provou, que o arguido tivesse sido detido à ordem ou por causa daquele processo n° 81/89.6TBVNC), antes de 14.02.2003. Tendo em atenção tal factualidade, o tribunal decidiu julgá-lo por considerar que a deserção se consumou em 31.12.2002, por então terem cessado as suas obrigações militares, pois, caso se atendesse à data do trânsito em julgado (02.08.1989), os autos teriam que ser arquivados, por efeito da prescrição (art. 118° n° 1 al. c) do Código Penal). **No que concerne à suspensão da pena,** entende-se que, face ao declarado no registo criminal, não se encontram reunidos os pressupostos para a aplicação de tal medida (art. 50° do Código Penal).

4. A *APRESENTAÇÃO VOLUNTÁRIA* DO DESERTOR

4.1. O Código de Justiça Militar de 1977 punia, como autor de um crime de *deserção*, o militar que, estando preso ou a cumprir qualquer pena, não se apresentasse ou não fosse capturado no prazo de oito dias a contar da fuga (v. art. 142.1.*c*). E determinava que «os sargentos e as praças que cometessem o crime de deserção fossem condenados, em tempo de paz, a **presídio militar** de dois a três anos, se o desertor se tivesse apresentado voluntariamente, e **de três a quatro anos** no caso contrário» (art. 142.1.*a*).

148   *Selecção Temática de Jurisprudência do Supremo Tribunal de Justiça*

4.2. Em **25JUL89**, o ora recorrente **fugiu** do estabelecimento prisional militar (Casa de Reclusão da Região Militar do Norte) quando aí se encontrava, sob detenção [«*Recolha o arguido à reclusão militar*»], a aguardar, como *militar*, o trânsito em julgado da pena (conjunta) de **6 anos e 5 meses de presídio militar** que, por **conversão** imposta pelo seu estatuto militar, lhe fora imposta, no dia 18, pelo tribunal colectivo de Vila Nova da Cerveira (processo 81/89.6TBVNC), por crimes, ocorridos em 06MAI88 e 3ABR89, de «furto qualificado» e de «violência após a apropriação».

4.3. Não foi capturado nem se apresentou quer «no prazo de oito dias a contar da fuga» quer, depois, até ao termo do ano – data em que cessaram as suas obrigações militares (31DEZ02) – em que perfez 35 anos de idade.

4.4. E porque só em 14FEV03, veio a ser **recapturado**, para cumprimento do remanescente daquela pena (na sua versão civil) de **6 anos e 5 meses de prisão**, não se poderá afirmar, como afirma agora o recorrente, que «o tribunal **não pode** ter a certeza de que [o condenado] se não apresentou voluntariamente».

4.5. Com efeito, o tribunal não só «pode ter» como efectivamente [9] «tem a certeza» (e era quanto bastava para que a sua «deserção», no quadro do CJM de 1977, se considerasse «agravada») [10] de que o desertor, depois da sua fuga em 25JUL89, não foi capturado nem se apresentou às autoridades militares quer «no prazo de oito dias a contar da fuga» quer, depois, até ao termo do ano (2002) – data em que cessaram as suas obrigações militares – em que completou 35 anos de idade.

5. O NOVO REGIME PENAL

5.1. Como já se viu, o Código de Justiça Militar de 1977 punia, como autor de um crime de *deserção*, o militar que, estando preso ou a cumprir qualquer pena, não se apresentasse ou não fosse capturado no prazo de oito dias a contar da fuga (v. art. 142.1.*c*). E determinava que «os sargentos e as praças que cometessem o crime de deserção fossem condenados, em

---

[9] Pois que se provou que ele só veio a ser «recapturado» em 14FEV03.

[10] E, por isso, abstractamente punível com pena de presídio militar de 3 a 4 anos (em lugar da que lhe caberia – de 2 a 3 anos de presídio militar – se essa «agravante especial» se não verificasse).

A Jurisprudência   149

tempo de paz, a **presídio militar** de dois a três anos, se o desertor se tivesse apresentado voluntariamente, e **de três a quatro anos** no caso contrário» (art. 142.1.*a*).

5.2. Mas, quando **indivíduo não militar** fosse condenado por crime previsto nesse Código, a pena de presídio militar de dois a quatro anos seria **substituída** pela de **prisão e multa correspondente** (art 46.º).

5.3. Ora, o arguido, quando condenado, já havia **cessado** as suas obrigações militares e daí que tivesse sido condenado, pelo seu crime (militar) de deserção, não na pena de presídio **militar** de três a quatro anos, mas na de prisão e multa (**civis**) de 3 dias a 2 anos (art.s 56.1 e 63.*a* do CP de 1886).

5.4. E, dentre estes limites, foi concretamente condenado na pena de 6 meses de prisão e multa correspondente.

5.5. Acontece que o novo CJM (aprovado pela Lei 100/2003 de 15Nov), entrado em vigor no dia 14Set04, passou a punir o crime de deserção [11] cometido por «sargentos e praças em tempo de paz», com **prisão de 1 a 4 anos** (art. 74.2.*b*) [12].

5.6. Daí que o **novo regime**, prevendo uma **pena mínima de 1 ano de prisão**, se mostre concretamente mais desfavorável, para uma «praça» – como o arguido – que tenha cessado entretanto as suas obrigações militares, que o anterior (que, por substituição legal, punia **abstractamente** a respectiva deserção militar com prisão **civil** de 3 dias a 2 anos e multa correspondente e, no **concreto**, lhe valeu uma pena [civil] de **6 meses de prisão** e multa).

6. PENA DE SUBSTITUIÇÃO?

6.1. «O processo de determinação da pena não se esgota nas operações de determinação da pena aplicável e de determinação da medida da pena,

---

[11] Art. 72.1.d) (**Deserção** – crime contra a defesa nacional): «Comete o crime de deserção o militar que (...) se evadir do local em que estiver preso ou detido, **não se apresentar no prazo de 10 dias** a contar da data da fuga». Art. 73.2 – A deserção mantém-se até (...) à cessação das obrigações militares»

[12] Art. 74.º 2.b: «Os sargentos e praças que cometam o crime de deserção são condenados (...), em tempo de paz, com pena de **prisão de 1 a 4 anos**»

150 Selecção Temática de Jurisprudência do Supremo Tribunal de Justiça

mas comporta ainda, ao menos de forma eventual, uma terceira operação: a da **escolha da pena**. Isto pode suceder em dois contextos diversos: ou porque a punição prevista para o crime cometido admite a aplicação *em alternativa* de duas penas *principais* (pena de prisão *ou* pena de multa), devendo o tribunal escolher *qual das duas espécies de pena vai aplicar* ainda antes de proceder à determinação da medida da espécie de pena escolhida; ou porque, **uma vez determinada a medida de uma pena de prisão, o tribunal verifica que pode aplicar, em vez dela, uma** *pena de substituição,* devendo então proceder à determinação da medida desta» (FIGUEIREDO DIAS, *As Consequências Jurídicas do Crime,* Editorial Notícias, 1993, § 489)

6.2. No caso, o tribunal recorrido, uma vez determinada a medida da **pena de prisão**, não se «pronunciou» (na ausência, no CJM de então, de uma norma equivalente à do art. 17.º do actual)[13] sobre a questão da **substituição** (ou não) da pena (não superior a 6 meses) que encontrou e fixou.

6.3. Tratava-se, porém, de uma pena (não militar) aplicada – ainda que por um crime *estritamente* militar - a um «não militar» (mais precisamente, um ex-militar), donde que devesse ter considerado **explicitamente** as normas dos art. 44.1[14], 50.1[15] e 58.1[16] do CP e, sendo caso disso, as dos art.s 6.1[17] e 7.º[18] do dec. lei 48/95 de 15MAR.

6.4. «Uma pena de prisão não superior a 6 meses só poderá ser aplicada se a sua execução se revelar **imposta por razões exclusivamente de prevenção**. A culpa do agente não assume aqui qualquer papel, esgotando--se a sua função no momento em que o tribunal, logo no início do processo

---

[13] Art. 17.º (Penas de substituição): 1 – Os pressupostos e o regime da suspensão da pena de prisão são os regulados no CP (...); 2 – A pena de multa é aplicável como pena e substituição da pena de prisão nos termos e condições previstos no CP»

[14] «A pena de prisão aplicada em medida não superior a 6 meses é **substituída por pena de multa** ou por outra pena não privativa da liberdade aplicável, excepto se a execução da prisão for exigida pela necessidade de prevenir o cometimento de futuros crimes (...)»

[15] «O tribunal **suspende** a execução da pena de prisão aplicada em medida não superior a 3 anos (...)»

[16] «Se ao agente dever ser aplicada pena de prisão em medida não superior a 1 ano, o tribunal substitui-a por prestação de trabalho a favor da comunidade (...)»

[17] «Enquanto vigorarem normas que prevejam penas cumulativas de prisão e multa, sempre que a pena de prisão for substituída por multa será aplicada uma só pena (...)»

[18] «Enquanto vigorarem normas que prevejam cumulativamente penas de prisão e multa, a suspensão da execução da pena de prisão decretada pelo tribunal não abrange a pena de multa»

A Jurisprudência 151

da medida da pena, conclua que a pena de prisão a fixar não deverá ser superior a 6 meses (...). Isto verificado, o tribunal só poderá ordenar a execução da prisão na base de uma de duas razões, **que especificadamente terá de fundamentar**: ou de razões de prevenção especial, nomeadamente de socialização, estritamente ligadas à **prevenção da reincidência**; e (ou) na base de que aquela execução é imposta por **exigências irrenunciáveis de tutela do ordenamento jurídico**. Uma fundamentação da necessidade da prisão apelando para exigências de retribuição (compensação) a culpa do agente será, pois, sempre inválida e irremediavelmente *contra legem* (...). Critério de necessidade de execução da pena de prisão é, exclusivamente, a **profilaxia criminal**, na dupla vertente da **influência concreta sobre o agente** (prevenção especial de socialização) e da **influência sobre a comunidade** (prevenção geral de tutela do ordenamento jurídico). Só quando, pelo menos, uma destas finalidades da pena o exigir, pode o tribunal ordenar a execução de uma pena de prisão não superior a 6 meses» (FIGUEIREDO DIAS, *ob. cit.*, §§ 556 e 559).

6.5. «A teleologia fundamental reside aqui em que uma pena de prisão não superior a 6 meses (...) não seja nunca executada, **salvo se tal foi imposto por razões de prevenção**. Que uma tal pena de prisão seja substituída por **multa** (art. 44.1) ou, nos casos de prisão não superior a [1 ano], por prestação de **trabalho** a favor da comunidade (...), é coisa que não deve considerar-se impedida pelo art. 44.1: para uma tal escolha continuam decisivas, em exclusivo, considerações de prevenção, devendo tribunal **eleger aquela espécie de pena de substituição que, em concreto, se revele mais adequada à realização das exigências preventivas** que no caso se façam sentir; só na hipótese de haver mais que uma espécie de pena que satisfaça igualmente aquelas exigências, e sendo uma delas a de **multa**, deve esta ser preferida. A tanto se reduz o **critério legal de preferência pela pena de multa como pena de substituição**, contido o art. 44.1» (§ 560).

6.6. De qualquer modo, «o tribunal, perante a determinação de uma medida da pena de prisão não superior a 3 anos, terá **sempre** de **fundamentar especificamente** (...) a denegação da suspensão, nomeadamente no que toca ao carácter (...) desfavorável da prognose e (eventualmente) às exigências de defesa do ordenamento jurídico. Outro procedimento configura um verdadeiro **erro de direito**, como tal controlável mesmo em revista, por violação além do mais, do disposto no art. 71.º [19] » (FIGUEIREDO DIAS, *ob. cit.*, § 523).

---

[19] Art. 70.º do CP/95: «(...) *O tribunal dá **preferência** à pena não privativa da liberdade sempre que esta realizar de forma adequada e suficiente as finalidades da punição*».

152   *Selecção Temática de Jurisprudência do Supremo Tribunal de Justiça*

6.7. E, no caso, o tribunal *a quo,* quando colocado «*perante a determinação de uma medida da pena de prisão não superior a 3 anos*», não só não «*fundamentou* **especificamente** *a denegação da suspensão*» (a pretexto, quiçá, do «*carácter desfavorável da prognose*» ou, eventualmente, de especiais «*exigências de defesa do ordenamento jurídico*»)[20] como nem sequer considerou, *apertis verbis,* a questão.

6.8. Só no despacho de sustentação é que o juiz auditor manifestou o entendimento, «no que concerne à suspensão da pena», de «que, **face ao declarado no registo criminal**, não se encontram reunidos os pressupostos para a aplicação de tal medida (art. 50° do Código Penal)».

6.9. Ora, é «**nula** a sentença (...) quando o tribunal deixe de pronunciar-se sobre questões que devesse apreciar (...)» (art. 379.1.*c* do CPP), do mesmo passo que «as nulidades da sentença devem ser (...) **conhecidas** [21]» em recurso» (art. 379.2).

7. DECISÃO

Conhecendo da *questão prévia* suscitada no *exame preliminar do relator* (art. 417.3.*a* do CPP), o Supremo Tribunal de Justiça, reunido em *conferência* (art. 419.3), *anula* (parcialmente) o acórdão recorrido, que o tribunal civil sucessor [22] do tribunal militar *a quo* refundirá, conhecendo agora da *questão* – de que deveria ter conhecido e não conheceu – da aplicação (ou não) ao arguido, em lugar da fixada pena principal de *prisão,* de uma *pena substitutiva* (nomeadamente, de *multa, prestação de trabalho a favor da comunidade* ou *suspensão da execução da pena de prisão*).

Supremo Tribunal de Justiça, 02Dez04

Carmona da Mota
Pereira Madeira
Abrantes dos Santos

---

[20] «Desde que imposta ou aconselhada à luz de exigências de socialização, a pena de substituição só não será aplicada se a execução da pena de prisão se mostrar indispensável para que não sejam postas irremediavelmente em causa a necessária tutela dos bens jurídicos e estabilização contrafáctica das expectativas comunitárias» (Figueiredo Dias, *ob. cit.,* § 501).

[21] **Oficiosamente**, se eventualmente não arguidas.

[22] A 1.ª Vara Criminal do Porto.

A Jurisprudência 153

Anotações:

I – O decidido resulta do artigo 44°, n° 1, do Código Penal. Sobre este dispositivo, além das menções a que alude o texto do acórdão, podem ver-se as exposições do Prof. FIGUEIREDO DIAS, Revista de Legislação e de Jurisprudência, ano 125, págs. 163-165 e Direito Penal Português, As Consequências do Crime §§ 489 e segs. e ainda as anotações ao artigo 44° do Código Penal, nos Códigos anotados de Simas santos, Leal Henriques e de Maia Gonçalves.

II e III – Não foi encontrada jurisprudência dos tribunais superiores sobre estes pontos específicos.

M.L.M.G.

Habeas corpus 4731/04-M

Comum colectivo (militar) 545/04.3TCLSB da 2.ª secção da 1.ª Vara Criminal de Lisboa

Condenado/requerente: AMÉRICO...

LIBERDADE CONDICIONAL. HABEAS CORPUS.

(Acórdão de 16 de Dezembro de 2004)

Sumário:

I – O Supremo Tribunal de Justiça não pode, no âmbito da providência de habeas corpus, alterar a medida da pena fixada por outro tribunal para tanto competente, nem substituir-se ao Tribunal de Execução das Penas na decisão que este toma sobre concessão ou não de liberdade condicional não automática quando cumprida metade da pena.

M.L.M.G.

1. A CONDENAÇÃO

1.1. Em 26JUN03, o Tribunal Militar da Marinha condenou o 1.º sargento Américo..., como autor de um crime de insubordinação (art. 769.1.**b** do CJM/77), na pena de seis meses de prisão militar, que o Supremo Tribunal Militar, em 17DEZ03, confirmou.

1.2. Com a entrada em vigor – em 14SET04 - do novo CJM (aprovado pela Lei 100/2003 de 15NOV), a aplicada pena de prisão militar converteu--se em «pena de prisão» (art. 4.º da Lei 100/2003).

1.3. A condenação transitou em julgado em 27MAI04 (fls. 12) e o condenado iniciou o cumprimento da pena em 20NOV04 (fls. 34).

2. O PEDIDO DE HABEAS CORPUS

2.1. Nos termos do art. 5.º da Lei 100/2003, «às penas que se encontrassem em execução à data da entrada em vigor do [novo] CJM aplica[r]-se[-ia] o regime de liberdade condicional nele previsto», ou seja, o de que «as disposições do CP são aplicáveis aos crimes de natureza estritamente militar (...)» (art. 2.1 do novo CJM) e de que «aos condenados na pena de prisão de duração inferior a 2 anos pode, para além do disposto no CP, ser ainda concedida a LC, **encontrando-se cumpridos 6 meses da pena**, quando tenham praticado um acto de valor ou prestado serviços relevantes» (art. 16.1).

2.2. O condenado iniciou a sua pena já depois da entrada em vigor do novo CJM, sendo este, pois, o aplicável em sede de liberdade condicional, incluindo a norma subsidiária do art. 61.2 CP («O tribunal coloca o condenado a prisão em liberdade condicional quando se encontrar cumprida metade da pena e no mínimo 6 meses (...)»).

2.3. Coloca agora o impetrante a questão da aplicação à sua situação – mercê da prevalência do regime penal mais favorável («art. 7.º da Convenção Europeia dos Direitos do Homem») – do anterior regime militar de liberdade condicional («Aos condenados nas penas de (...) prisão militar poderá ser concedida a liberdade condicional quando tenham cumprido metade da pena e se presuma, pelo seu comportamento, que se acham corrigidos e adaptados à disciplina» – art. 48.º do CJM de 1977).

2.4. E, por isso, pede ao Supremo «que se digne mandar fazer a correcção da liquidação da pena» operada, em 24Nov04, no tribunal de 1.ª instância («Américo... foi preso para cumprimento da pena em 20Nov04; assim, terminará esse cumprimento em 20Mai05»).

3. BREVÍSSIMA APRECIAÇÃO

3.1. No entanto, o juiz, ao mesmo tempo que homologou a liquidação da pena, determinou a entrega ao Ministério Público das «certidões necessárias ao cumprimento do art. 477.1 do CPP»: «**O Ministério Público envia ao TEP** e aos serviços prisionais e de reinserção social (...) **cópia da sentença que aplicar pena privativa da liberdade**».

3.2. Daí que caiba agora ao TEP decidir, logo que **cumprida metade da pena**, se o condenado pode ou não beneficiar do regime de liberdade condicional decorrente dos art.s 48.º e 49.º do CJM de 1977.

A Jurisprudência

3.3. Mas já não caberá ao STJ determinar, no âmbito da providência de habeas corpus (art. 222.º do CPP), «corrigir a liquidação pena» operada em 1.ª instância (mesmo que correcção merecesse), pois que tal providência visa pôr termo a uma situação – que não é a do caso (até porque o condenado apenas cumpriu, até hoje, 26 dias de prisão) – de prisão ilegal.

4. A DELIBERAÇÃO

4.1. Tudo visto, o SUPREMO TRIBUNAL DE JUSTIÇA delibera, após audiência, «indeferir por [manifesta] falta de fundamento bastante» (art. 223.4.**a** do CPP) o pedido de **habeas corpus** atravessado em 15DEZ04, no comum colectivo (militar) 545/04.3TCLSB da 2.ª secção da 1.ª Vara Criminal de Lisboa, pelo militar AMÉRICO....

4.2. A manifesta falta de fundamento da petição importa a condenação do peticionante, a título de **sanção processual**, numa «soma» que se fixa, pelo mínimo, em «6 (seis) UC» (art. 223.6).

4.3. O requerente pagará ainda as **custas** do incidente (art. 84.1 do CCJ), com 3 (três) UC de taxa de justiça e 1 (uma) UC de procuradoria.

Supremo Tribunal de Justiça, 16DEZ04

Carmona da Mota
Pereira Madeira
Oliveira Simões
Neves de Bettencourt

Anotação:

Traduz jurisprudência corrente e uniforme do Supremo Tribunal de Justiça. Dentre muitos outros, podem apontar-se, neste sentido, os acórdãos de 6 de Maio e de 9 de Setembro de 2004, na Colectânea de Jurisprudência, Acórdão do Supremo Tribunal de Justiça, ano XII, tomos II, 154 e III, 157.

M.L.M.G.

156   *Selecção Temática de Jurisprudência do Supremo Tribunal de Justiça*

Proc. 1000/05-3ª
Habeas corpus

LIBERDADE CONDICIONAL. <u>HABEAS CORPUS</u>.

(Acórdão de 16 de Março de 2005)

Sumário:

I – O Supremo Tribunal de Justiça não pode, no âmbito da pro-vidência de <u>habeas corpus</u>, substituir-se ao juiz do Tribunal de Execução das Penas que, dentro dos limites da sua competência, decide sobre concessão de liberdade condicional.

II – Assim deve ser rejeitado o pedido de <u>habeas corpus</u> fundado em o juiz não ter concedido liberdade condicional a meio do cumprimento de uma pena de prisão, em caso de concessão não automática e que importa a intervenção de critérios prudenciais do juiz.

M.L.M.G.

Acordam na Secção Criminal do Supremo Tribunal de Justiça:

1. Américo…, militar, preso na Casa de Reclusão de Elvas, nº 94972, lº Sar da DASP/Arm., requer a providência de *habeas corpus*, invocando o disposto no artigo 31º da Constituição da República e artigos 222º e 223º do Código de Processo Penal (CPP), com os seguintes fundamentos:

Foi condenado a 26 de Junho de 2003, pelo Tribunal Militar da Marinha, como autor de um crime de insubordinação (art. 769. 1 .b do CJM/77) na pena de seis meses de prisão militar.

Com a entrada em vigor – a 14 de Setembro de 2004 – do novo CJM (aprovado pela Lei 100/2003, de 15 de Novembro), a pena de prisão militar aplicada converteu-se me «pena de prisão» (artigo 4º da Lei 100/2003).

A decisão transitou em julgado no dia 27 de Maio de 2004 e o reque-rente iniciou o cumprimento da pena a 20 de Novembro de 2004.

Nos termos do artigo 5º da Lei 100/2003 «às penas que se encontrassem em execução à data da entrada em vigor do [novo] Código de Justiça Militar aplica[r]-se[ia] o regime de liberdade condicional nele previsto», ou seja, o de que «as disposições do CP são aplicáveis aos crimes de natureza estritamente militar í...)»1 e de que «aos condenados na pena de prisão de duração inferior a 2 anos, pode, para além do disposto no CP, ser ainda concedida a Liberdade Condicional, encontrando-se cumpridos os 6 meses da pena, quando tenham praticado um acto de valor ou prestado serviços relevantes» (artigo 16º, nº 1);

No âmbito do anterior regime militar de liberdade condicional «Aos condenados nas penas de (...) prisão militar poderá ser concedida a liberdade condicional quando tenham cumprido metade da pena e se presuma, pelo seu comportamento que se acham corrigidos e adaptados à disciplina» – artigo 48° do CJM de 1977»

Porém, o Juiz de Execução de Penas de Évora, entende que tendo o requerente iniciado o cumprimento da pena após a entrada em vigor do novo Código de Justiça Militar, serão as normas neste estatuídas as aplicadas em detrimento do anterior Código de Justiça Militar (1977), ainda que este conferisse *in casu* ao arguido um tratamento mais favorável.

Os artigos 2°, n° 4 do Código Penal e 5°, n° 2 , alínea a), do CPP, indicam claramente a direcção, sendo a Lei antiga mais favorável ao requerente deve ser esta que deve ser aplicada.

Este é um princípio que leva necessariamente à luz da lei ordinária, da lei fundamental e da C.E.D.H. a considerar que a pena efectiva do requerente foi cumprida no dia 20 de Fevereiro de 2005, data em que deveria ter sido ordenada a sua libertação imediata, para cumprir a restante pena no regime de liberdade condicional.

Não tendo sido perfilhada esta orientação no Tribunal de Execução das Penas, e não tendo sido ordenada a sua a libertação imediata, a manutenção do requerente em reclusão efectiva configura uma prisão ilegal, na medida em que se mantém para além dos prazos fixados pela lei, caindo assim na estatuição da alínea c) do n° 2, do artigo 222° do Código de Processo Penal.

Pede, em consequência, que seja a providência seja deferida, ordenando--se a libertação imediata do requerente.

2. Foi prestada a Informação a que se refere o artigo 223° do CPP.

Nesta Informação, o juiz da 1ª Vara Criminal consigna que «no caso "sub judice", o arguido Américo..., por acórdão proferido pelo Tribunal Militar da Marinha, em 26.6.2003, posteriormente confirmado pelo Supremo Tribunal Militar, foi condenado, pela prática de um crime de insubordinação, na pena de seis meses de prisão militar».

O requerente «encontra-se a cumprir esta pena desde o passado dia 20.11.2004, estando o seu termo previsto para 20.5.2005, pelo que não se vislumbra a ocorrência de qualquer situação de prisão ilegal».

«Sucede, porém, que o [requerente] funda a petição de *habeas corpus* no facto do Juiz do Tribunal de Execução de Penas de Évora ter indeferido a sua pretensão no sentido de ser libertado condicionalmente a meio da pena, ou seja em 20.2.2005».

«Todavia, essa decisão, contra a qual o arguido manifesta na petição a mais viva discordância, só será sindicável, [...], através da interposição de recurso,

158   *Selecção Temática de Jurisprudência do Supremo Tribunal de Justiça*

que desconhecemos se foi ou não interposto, e não pela via da providência de *habeas corpus*, que se justificaria apenas se o termo da prisão previsto para 20.5.2005 já tivesse sido excedido, o que manifestamente não é o caso».

3. Teve lugar a audiência, com a produção de alegações, cumprindo apreciar e decidir.

Os elementos constantes do processo permitem considerar os seguintes factos relevantes:

O requerente foi condenado pelo Tribunal Militar da Marinha, por um crime de insubordinação, p. e p. no o art° 79°, n° l, alínea b), do C. J. Militar, na pena, extraordinariamente atenuada, de seis meses de prisão militar.

A decisão foi confirmada por acórdão do Supremo Tribunal Militar, e, após trânsito, o requerente iniciou o cumprimento da pena em 20 de Novembro de 2004.

Foi dado cumprimento ao disposto no artigo 477°, n 1 do CPP.

4. O artigo 31°, n° 1 da Constituição da República estabelece, como direito fundamental, o direito à petição de *habeas corpus*, a requerer perante o tribunal competente, contra o abuso de poder por virtude de prisão ou detenção ilegal.

Fixando os termos do exercício do direito, o artigo 222°, n° 2, alíneas a), b) e c) do CPP prevê os casos de ilegalidade da prisão que justificam a providência – ter sido efectuada ou ordenada por entidade incompetente; ser motivada por facto pelo qual a lei a não permite; ou manter-se para além dos prazos fixados na lei ou por decisão judicial.

O fundamento do requerimento da providência de *habeas corpus* vem exclusivamente centrado na circunstância de o requerente considerar, ao contrário do decidido pelo juiz do Tribunal de Execução das Penas, que deveria poder beneficiar de determinado regime de liberdade condicional previsto no anterior Código de Justiça Militar, e que seria mais favorável do que o regime de liberdade condicional no caso de condenação por crimes estritamente militares, previsto pelo Código de Justiça Militar, aprovado pela Lei n° 100/2003, de 15 de Novembro.

Com este fundamento, é manifesto que a providência não pode proceder.

A providência de *habeas corpus*, como tem sido constantemente decidido, constitui uma providência excepcional, como remédio contra situações de imediata, patente e auto-referencial ilegitimidade da privação de liberdade, não podendo ser entendida como sucedâneo de um recurso ou de recurso contra os recursos.

No caso, vê-se que a divergência se situa no nível da execução e das incidências da execução de uma pena de prisão, em que o juiz de execução, no inteiro domínio das suas competências, e de acordo com a interpretação que fez das normas sobre a execução e as condições de concessão da liberdade condicional, entendeu que se não verificavam os pressupostos para conceder ao requerente a liberdade condicional.

Esta é a decisão judicial processualmente eficaz e actual no processo de execução da pena.

A decisão do juiz de execução das penas define, assim, processualmente, a situação do requerente no que respeita à execução e às incidências da execução da pena de seis meses de prisão em que foi condenado por decisão transitada, e cujo cumprimento só terminará em 20 de Maio de 2005.

Nem importa ao caso – o que apenas se refere *ex abundanti* por estar fora do objecto de decisão da providência – a discussão sobre qual o regime de liberdade condicional aplicável. Com efeito, mesmo que devesse ser aplicável o regime da lei nova, a concessão da liberdade condicional não seria automática cumprido um certo tempo da pena, mas imporia sempre uma decisão do juiz de execução, fundada sobre a intervenção de critérios prudenciais, perante a verificação de outros pressupostos relativos à situação pessoal do condenado.

A providência de *habeas corpus* não é, pois, o meio processual adequado para rediscutir, como se fora um recurso, uma decisão da competência do juiz de Execução das Penas, não sendo, por isso, adequados ao âmbito da providência os fundamentos que o requerente invoca.

A prisão não se mantém, assim, para além do prazo fixado na decisão condenatória, não se verificando o fundamento previsto no artigo 222º, nº 2, alínea c), do CPP invocado pelo requerente.

5. Nestes termos, por manifestamente improcedente, indefere-se a petição.

O requerente pagará 6 UCs (artigo 223, n.º 6 do CPP)
Taxa de Justiça mínima.
Lisboa, 16 de Março de 2005

Henriques Gaspar
Antunes Grancho
Neves de Bettencourt
Abrantes dos Santos

Anotação:

Traduz jurisprudência corrente e uniforme do Supremo Tribunal de Justiça. Dentre muitos outros, podem apontar-se, neste sentido, os acórdãos de 6 de Maio e de 9 de Setembro de 2004, na Colectânea de Jurisprudência, Acórdão do Supremo Tribunal de Justiça, ano XII, tomos II, 154 e III, 157.

M.L.M.G.

Proc.º n.º 1450/05 -3.ª Sec.

PRISÃO DISCIPLINAR APLICADA A MILITARES. HABEAS CORPUS.

(Acórdão de 20 de Abril de 2005)

Sumário:

I – A prisão disciplinar é uma sanção aplicável a militares de todas as classes de oficiais, sargentos, cabos e praças, prevista, quanto a sargentos no artigo 34º, nº 5, do Regulamento de Disciplina Militar aprovado pelo Decreto-Lei nº 142/77, de 9 de Abril, com as alterações introduzidas pelo Decreto-Lei nº 434-I/82, de 29 de Outubro.

II – Esta sanção não é inconstitucional, encontrando-se prevista no artigo 27º, nº 3, alínea d) da Constituição da República Portuguesa.

III – Quem para tanto tiver legitimidade pode socorrer-se da providência de habeas corpus e requerer ao Supremo Tribunal de Justiça que aprecie a legalidade de uma medida de prisão disciplinar em execução, declarando-a ilegal e ordenando a soltura imediata.

IV – A providência deve ser rejeitada sempre que a prisão se contenha dentro dos limites legais, por infracção muito grave a deveres militares e aplicada, sem recurso, pelo Chefe do Estado Maior General das Forças Armadas, pois o Supremo Tribunal de Justiça não pode substituir-se à entidade competente que aplicou a prisão militar, em termos de sindicar os seus motivos.

M.L.M.G.

Acordam no Supremo Tribunal de Justiça:

Luís…, sargento-chefe da Força Aérea Portuguesa, actualmente preso no Estabelecimento Prisional da Base Aérea do Lumiar veio requerer a presente providência excepcional de "habeas corpus", com os seguintes fundamentos:

– Por despacho do Exm.º Chefe do Estado Maior General das Forças Armadas, de 31.3.2005, foi-lhe aplicada a pena de 30 dias de prisão disciplinar agravada, em processo disciplinar que desconhece;

– Essa pena foi imposta em processo que já prescreveu há um ano, já que foi instaurado em Fevereiro de 2004 e que tinha que estar concluído em 60 dias;

– O requerente está presente sem que o mandatário constituído no processo tenha sido notificado de qualquer decisão;

A Jurisprudência 161

– O requerente encontra-se impedido de contactar telefonicamente com o seu mandatário;
– Está preso em consequência de acto arbitrário;
– Está preso, ainda, porque interpôs recurso do despacho dos Ministros dos Negócios Estrangeiros e da Defesa Nacional, sendo que o Tribunal Administrativo de Lisboa determinou a suspensão do acto e porque interpôs recurso para o Ministro da Defesa Nacional do despacho do C.E.M.G.F.A. que indeferiu o recurso hierárquico da avaliação do mérito do requerente no último ano.
– Assim deve ser restituído à liberdade.

I. O processo mostra-se instruído com fotocópia do despacho subscrito pelo Exm.º Sr. Chefe do Estado Maior General das Forças Armadas, que, por violação dos deveres 3.º, 8.º, 9.º, 22.º e 27.º, previstos no art.º 4.º, do Regulamento de Disciplina Militar , com as agravantes especiais enunciadas nas als. b), d), g) e j), do art.º 71.º daquele Regulamento, concorrendo a atenuante prevista na al. e), do art.º 72.º, daquele diploma, aplicou ao recorrente a pena de prisão disciplinar agravada por 30 dias.

II. O requerente acha-se em cumprimento daquela sanção disciplinar desde as 8 horas de 13.4.2005 , no Estabelecimento Prisional da Base Aérea do Lumiar.

III. Como fundamento para a punição foi invocado o facto de o requerente, enquanto amanuense arquivista no Gabinete Conjunto do Adido de Defesa , junto da Embaixada de Portugal em Moçambique, ter emitido em 22.4.2003, 23.6.2003, 3.7.2003 e 28.5.2003, declarações de início e fim de comissão em favor de militares portugueses, omitindo as cópias no arquivo do Gabinete do Adido de Defesa, evitando o seu conhecimento posterior por este.

IV. Pelo menos a declaração datada de 23.6.2003 destinava-se à exportação de um motociclo de Moçambique para Portugal.

V. A prática de tais actos, a pedido dos interessados foi ao arrepio das entidades competentes para o efeito, o Chefe do Núcleo de Apoio Técnico ou o Chefe da Secretaria do Núcleo de Apoio Técnico para o Adido de Defesa.

VI. A prática dos supradescritos actos envolvendo a Embaixada de Portugal no estrangeiro prejudicaram o bom nome de Portugal no estrangeiro, das nossas Forças Armadas, sendo noticiado pela imprensa portuguesa, designadamente no "Correio da Manhã", ed. de 5.12.2003, sob o título "Militares em negócios ilegais".

VII. O Digno Magistrado do M.º P. º e o defensor do arguido foram notificados, visto o que se prescreve no n.º 2, do art.º 223.º, do CPP.

VIII. Foi convocada a Secção Criminal e, efectuado o julgamento, cumpre publicitar a deliberação.

IX. Do que se cura, agora, é de indagar se ao arguido assiste razão ao impetrar deste Tribunal a sua libertação imediata por recurso à providência excepcional de "habeas corpus".

A providência, que se não confunde com o recurso, é o processo com dignidade constitucional assegurado à face do art.º 31.º n.º1, da CRP, para reagir contra o abuso de poder, por virtude de prisão ou detenção ilegal.

A lei ordinária, no art.º 222.º, n.º 2 do CPP, als. a), b) e c), enuncia os pressupostos da sua concessão:

– ter a prisão sido efectuada ou ordenada por entidade incompetente;

– ser motivada por facto pelo qual a lei não permite; e

– manter-se para além dos prazos fixados por lei ou decisão judicial.

A legitimidade para a petição de "habeas corpus" radica desde logo no próprio preso ou por qualquer cidadão no pleno gozo dos seus direitos políticos – n.º 2, do art.º 222.º, do CPP, no seguimento do n.º 2, daquele art.º 31.º.

A uma análise perfunctória da lei resulta que a medida, podendo ser requerida por qualquer cidadão no gozo dos seus direitos políticos, comporta uma dimensão de interesse público porque a restrição da liberdade pessoal só é aceitável se comunitariamente tolerável; a prisão, preventiva ou não, não pode abdicar de um conjunto de condições materiais legitimantes; a dedução pelo próprio arguido mostra da parte do legislador o empenho em simplificar, tornar expedita a apreciação do processo pelo STJ, concorrendo para uma tutela mais eficaz do direito à liberdade afrontado.

Por definição, o processo de "habeas corpus" traduz uma providência célere contra a prisão e vale, em primeira linha, contra o abuso de poder por parte das autoridades policiais ou outras, designadamente as autoridades de polícia judiciária , mas não é impossível conceber a sua utilização como remédio contra o abuso de poder do próprio juíz, apresentando-se tal medida como privilegiada contra o atentado do direito à liberdade, comentam Gomes Canotilho e Vital Moreira, in Constituição Anotada, Ed. 93, Coimbra Ed., em anotação ao art.º 31.º précitado.

A medida, assinala o Prof. Cavaleiro de Ferreira, in Curso de Processo Penal, I, ed. Danúbio, 1986, 268, tem como pressuposto de facto a prisão efectiva e actual; como fundamento de direito a sua ilegalidade.

Prisão efectiva e actual compreende toda a privação de liberdade, quer se trate de prisão sem culpa formada, com culpa formada ou em execução de condenação penal ou seja aquela que se mantém na data da instauração da medida e não a que perdeu tal requisito, como decidiu este STJ, com geral

A Jurisprudência   163

uniformidade – cfr. Acs. de 23.11.95, P. °112/95; de 21.5.97, P. ° 635/97, de 910.97, P. °1263/97 e de 21.12.97, in CJ, STJ, Ano X, III, 235.

V. Na fixação dos seus contornos não perde pertinência a menção de que o processo tem como antecedente histórico a Constituição de 33 e, menos remotamente, o Dec.º Lei n.º 35.043, de 20.10.45, que lhe reservou um papel residual, só funcionando quando o jogo dos meios legais normais de impugnação das condições da prisão estiver exaurido.

No preâmbulo de tal diploma observa-se que a providência " não é um processo de reparação dos direitos individuais ofendidos nem da repressão das infracções cometidas por quem exerce o poder público " (...) É antes um remédio excepcional para proteger a liberdade individual nos casos em que não haja qualquer outro meio legal de fazer cessar a ofensa ilegítima dessa liberdade".

Assente, pois, que o processo é de natureza residual, excepcional e de via reduzida: o seu âmbito restringe-se à apreciação da ilegalidade da prisão, por constatação e só dos fundamentos taxativamente enunciados no art.º 222.º n.º2, do CPP.

Reserva-se-lhe a teleologia de reacção contra a prisão ilegal, ordenada ou mantida de forma grosseira, abusiva, por ostensivo erro de declaração enunciativa dos seus pressupostos.

E se ao Estado cabe o direito de punir, poder indelegável e intransmissível, não deixa de ser reclamado por todos que aquele não prescinda de uma boa consciência, não menosprezando que a punibilidade não pode conseguir-se a todo o custo, em colisão com o direito à liberdade individual.

Os pressupostos enunciados nas três alíneas do n.º2, do art.º 222.º, do CPP, espelham o dever do Estado manter em todo o processo punitivo uma superioridade ética , não se aceitando uma prisão ordenada por entidade sem competência, sem motivo legal e mantida para além dos prazos legalmente estabelecidos.

A não observância destes pressupostos é algo que se não concebe num Estado de Direito; a ausência de meios de contenção da prisão é anomalia que as leis dos Estados civilizados não admitem, como princípio-regra.

A prisão disciplinar agravada, enquanto sanção disciplinar passível de aplicação às classes de oficiais, sargentos, cabos e praças dos três ramos das Forças Armadas está prevista, quanto aos sargentos, como o requerente, no art.º 34.º, 5 .ª, do Regulamento de Disciplina Militar (adiante designado por RDM), aprovado pelo Dec.º-Lei n.º 142/77, de 9/4, com as alterações introduzidas pelo Dec.º-Lei n.º 434-I/82, de 29/10.

A competência das autoridades militares para aplicação daquela sanção disciplinar mostra-se tipificada nos art.ºs 37.º e segs. do RDM e consiste, nos termos do art.º 28.º de tal diploma "na reclusão do infractor em casa de reclusão", numa autêntica privação de liberdade pela autoridade militar competente.

A medida disciplinar em causa , correspondente a infracção com considerável gravidade (gravidade acrescida, v.g., se a sua prática tiver lugar no estrangeiro – cfr. art.º 71.º b, do RDM), compatibiliza-se inteiramente com a Constituição, que a prevê e autoriza, enquanto meio de privação de liberdade, no art.º 27.º n.º 3 d), a título meramente excepcional, atento o seu carácter não penal (cfr. Constituição da República Portuguesa, Anotada, pelos Profs. Gomes Canotilho e Vital Moreira, Coimbra Ed., ed. 1993, pág. 186), desde que, averba o preceito da CRP, seja assegurado recurso da sua aplicação para o tribunal competente.

O Regulamento de Disciplina Militar admite meios graciosos de impugnação – a reclamação, a deduzir em 5 dias desde a notificação do reclamante (art.ºs 112.º, n.º1 e 113.º); o recurso hierárquico (art.º 114) e o recurso de revista (art.ºs 145.º a 152.º), e, também, o recurso contencioso, nos art.ºs 120.º a 128.º, incidente sobre decisões definitivas e executórias.

Das decisões impostas pelo Chefe do Estado Maior General das Forças Armadas – este o caso – não cabe recurso hierárquico, nos termos do art.º 115.º, do RDM, porém tal irrecorribilidade é atentatória da CRP, por necessária à reparação de um acto lesivo, direito que resulta do art.º 268.º n.º 4, da CRP, como sustentam Vitalino Canas, Ana Luísa Pinto e Alexandra Leitão, in Código de Justiça Militar, Anotado, Coimbra Ed., 200, pág. 191.

A reclamação comporta efeito suspensivo nos termos do art.º 163, do CPTA (Código de Processo dos Tribunais Administrativos), aplicável subsidiariamente.

Com a entrada em vigor do novo CJM e da LOFTJ (Lei n.º 105 /2003, de 10/12) a apreciação judicial dos actos que apliquem sanções disciplinares passou definitivamente para a competência da jurisdição administrativa, como resulta da revogação do art.º 215.º, da CRP – cfr. CJM, autores referidos, pág. 190.

Esta a forma de harmonizar a justiça militar com os princípios gerais do direito penal, processual penal e administrativo, em esforço objectivado em várias manifestações do ordenamento jurídico.

Debruçando-nos sobre as razões invocadas como fundamento de "habeas corpus", tal como concentradas nas conclusões pelo recorrente, envolvendo o desconhecimento de processo, sem o demonstrar, a omissão de notificação do seu mandatário constituído, constituição essa que , com a resposta à nota de culpa, invalida, em pura e visível lógica, o invocado desconhecimento de processo e o impedimento de contactar com o seu mandatário, não supor-

A Jurisprudência

tam qualquer dos pressupostos de "habeas corpus", de forma a poder concluir-se que a prisão disciplinar agravada foi decretada por entidade militar sem competência para o efeito, que a duração daquela se mostre excedida ou motivada por factos que a lei não consente – art.º 222.º n.º 2, a), b) e c), do CPP –, que a privação de liberdade derive de um escandaloso, por grosseiro erro da autoridade militar, que urge, em tempo célere, a intervenção reparadora deste STJ.

É pacífico, de resto, o entendimento por parte deste STJ que este Tribunal não pode substituir-se ao juíz ("mutatis mutandis" à entidade militar) que ordenou a prisão em termos de sindicar os seus motivos , com o que estaria a criar um novo grau de jurisdição (cfr. Ac. deste STJ, de 10/10/90, P.º n.º 29/90 -3.ª Sec.); igualmente lhe está vedado apreciar irregularidades processuais a montante ou a jusante da prisão, com impugnação assegurada pelos meios próprios, fora, pois, do horizonte contextual pertinente.

E o requerente bem pode, ainda, lançar mão de tais meios de impugnação, invocando as irregularidades eventualmente cometidas, sendo prematuro o recurso a este STJ.

O prazo de prescrição do procedimento disciplinar é de 5 anos e conta-se a partir do cometimento da infracção – art.º 153.º n.º 1, do Regulamento de Disciplina Militar –, prazo que ainda não decorreu, nada tendo que ver com ele os art.ºs 92.º n.º1 e 94.º n.º 2, daquele Regulamento, atinentes ao prazo de instrução do processo e à forma, conteúdo, de emissão do respectivo despacho decisório.

De todo o modo, e a rematar, se dirá, em justificada correcção, que a prisão imposta ao arguido não é – e nem podia ser – a resultante dos recursos interpostos para as diversas entidades mencionadas no n.º 6 da conclusão de petição de "habeas corpus", mas de infracção a deveres militares, reputados muito graves pelo Exm.º Sr. Almirante, Chefe do Estado Maior General das Forças Armadas.

Delibera-se, neste STJ, indeferir a petição de "habeas corpus" por falta de fundamento bastante.

Condena-se o requerente ao pagamento de 3 Uc,s de taxa de justiça.

Supremo Tribunal de Justiça, 20 de Abril de 2005

Armindo Monteiro
Sousa Fonte
Pires Salpico
Henriques Gaspar

166 Selecção Temática de Jurisprudência do Supremo Tribunal de Justiça

Anotações:

I e II – O decidido afigura-se incontroverso, face aos textos constitucionais e da lei ordinária mencionados na fundamentação do acórdão e à doutrina expendida pelos constitucionalistas.

III – A apreciação dos pedidos de habeas corpus relativos à prisão disciplinar militar, após a extinção do Supremo Tribunal Militar, passou para a competência das secções criminais do Supremo Tribunal de Justiça.

IV – É a primeira vez que o Supremo Tribunal de Justiça decide a providência de habeas corpus quanto à prisão disciplinar militar, seguindo mutatis-mutandis, a orientação corrente quanto a todas as outras privações de liberdade.

M.L.M.G.

Proc. n.º 1838/05-5
Data da decisão recorrida: 2005-03-17
Trib. recorrido: 1ª Vara Criminal do Porto – proc. n.º 162/04.8TCPRT

RECURSOS EM PROCESSO PENAL. COMPETÊNCIA DO SUPREMO TRIBUNAL DE JUSTIÇA E DAS RELAÇÕES.

(Acórdão de 25 de Maio de 2005)

Sumário:

I – Havendo vários recursos da mesma decisão proferida pelo tribunal colectivo, versando algum ou alguns sobre matéria de facto e outro ou outros exclusivamente sobre matéria de direito, são todos julgados conjuntamente.

II – Neste caso, a competência pertence ao Tribunal da Relação, porque o recurso visa também a apreciação de matéria de facto, e não exclusivamente o reexame da matéria de direito, caso em que a competência pertenceria ao Supremo Tribunal de Justiça como resulta do artigo 432º, alínea d), do Código de Processo Penal.

M.L.M.G.

Acordam no Supremo Tribunal de Justiça

1. O arguido **ALBERTO...** foi julgado na 1ª Vara Criminal do Porto, acusado de um crime de insubordinação, p.p. no art.º 72.º n.º 1 alínea d) do Código de Justiça Militar, aprovado pelo DL 141/77 de 9 de Abril.

Por acórdão de 17 de Março de 2005, foi condenado por esse mesmo crime, mas na previsão e punição actual, do art.º 87.º, n.º 1, al. g), do Código de Justiça Militar, aprovado pela Lei 100/2003 de 15/11, **na pena**

A Jurisprudência

de sete meses de prisão efectiva, a cumprir em estabelecimento prisional militar.

Do acórdão condenatório recorreu o Ministério Público para este Supremo Tribunal de Justiça, colocando tão só questões de direito relacionadas com a medida da pena, que considera exagerada e desproporcionada, acabando por pedir a aplicação de uma pena de prisão substituída por multa.

Recorreu também o arguido, mas para o Tribunal da Relação do Porto, impugnando tanto a matéria de facto provada como a matéria de direito.

Os recursos foram admitidos e foi ordenada a sua subida, sem menção do Tribunal Superior que os devia decidir, mas acabaram por ser remetidos para este Supremo Tribunal de Justiça.

A Excm.ª Procuradora-Geral Adjunta neste Supremo pronunciou-se no sentido de que este Tribunal era incompetente para conhecer dos recursos, pois os mesmos devem ser apreciados conjuntamente e o recurso do arguido não visa exclusivamente matéria de direito (cfr. 432.º, al. d), do CPP), pelo que é competente o Tribunal da Relação do Porto.

O relator, dada a simplicidade da questão, mandou os autos à conferência, com dispensa de vistos.

2. Foi realizada a conferência com o formalismo legal.

Cumpre decidir.

Do acórdão condenatório do tribunal colectivo recorrem tanto o M.º P.º como o arguido, mas enquanto aquele dirigiu o seu recurso para o Supremo Tribunal de Justiça, pois só pede o reexame da matéria de direito (a medida da pena), o arguido dirigiu-o para o Tribunal da Relação do Porto, já que impugna a matéria de facto e a matéria de dircito.

O art.º 414.º, n.º 7, do CPP, determina que havendo vários recursos da mesma decisão, dos quais alguns versem sobre matéria de facto e outros exclusivamente sobre matéria de direito, são todos julgados conjuntamente.

Ora, o recurso do arguido não visa *exclusivamente* a reexame da matéria de direito, único caso em que do tribunal colectivo cabe recurso directo para o Supremo Tribunal de Justiça (art.º 432.º., al. d), do CPP).

Efectivamente, com a revisão operada ao CPP em 1998, o art.º 432º, al. d), do CPP, veio indicar que se recorre para o S.T.J. de acórdãos finais proferidos pelo tribunal colectivo, *visando exclusivamente o reexame de matéria de direito.*

Por isso, uma vez que um dos recorrentes quer abordar matéria de facto e como os recursos devem ser julgados conjuntamente, terão de se processar pelo Tribunal da Relação competente, como é regra geral, nos termos dos artigos 427.º e 428.º, n.º 1 do CPP.

4. Pelo exposto, **acordam** os Juízes da Secção Criminal do Supremo Tribunal de Justiça, na procedência da *questão prévia*, em julgar este Supremo Tribunal hierárquica e materialmente incompetente para o conhecimento dos recursos e competente, para o efeito, o Tribunal da Relação do Porto, decidindo a remessa dos autos para o tribunal competente, com comunicação ao tribunal recorrido.

Notifique.

Supremo Tribunal de Justiça, 25 de Maio de 2005

Santos Carvalho
Costa Motágua
Neves de Bettencourt

Anotação:

O decidido corresponde à jurisprudência corrente e uniforme do Supremo Tribunal de Justiça, consoante a interpretação dada ao artigo 414º, nº 7, do Código de Processo Penal.

No caso de o recurso ou os recursos versarem exclusivamente o reexame da matéria de direito, a jurisprudência do Supremo Tribunal de Justiça dividiu-se, apontando-se numerosos acórdãos quer no sentido de que o recorrente podia optar pelo recurso para a Relação ou para o Supremo, quer no sentido que a opção não era possível, devendo o recurso ser necessariamente interposto para o Supremo. Esta última orientação tem ultimamente predominado na jurisprudência do nosso mais alto Tribunal. Sobre a questão podem consultar-se as anotações ao artigo 432º do Código de Processo Penal, nos Códigos anotados de Simas Santos, Leal Henriques e de Maia Gonçalves.

M.L.M.G.

Processo nº 3906/05-5.

HABEAS CORPUS. PRISÃO DISCIPLINAR. COMPETÊNCIA DOS CHEFES DOS ESTADOS-MAIORES DOS TRÊS RAMOS DAS FORÇAS ARMADAS

(Acórdão de 24 de Novembro de 2005)

Sumário:

I – O habeas corpus é uma providência extraordinária e expedita destinada a assegurar de forma especial e rapidamente o direito à liberdade constitucionalmente garantido, mas não a reexaminar decisões judiciais para as quais estejam previstos outros meios normais de impugnação. II – A prisão disciplinar aplicável a militares é uma sanção privativa da liberdade prevista no artigo 27.º, n.º 3, alínea d), da

Constituição da República, e que se aplica às classes de oficiais, sargentos e praças, dos três ramos das Forças Armadas, consistindo na reclusão do infractor numa casa de reclusão. III – Esta sanção pode ser aplicada pelos Chefes dos Estados-Maiores dos três ramos das Forças Armadas, ao abrigo do disposto na alínea c) do artigo 8.º da Lei nº 111/91, de 29 de Agosto. IV – Como sanção privativa da liberdade, à prisão disciplinar é aplicável a providência de habeas corpus, pelos fundamentos taxativamente previstos no n.º 2 do artigo 222.º do Código de Processo Penal. V – A providência de habeas corpus requerida a favor de quem se encontre a cumprir prisão disciplinar aplicada a militar deve ser rejeitada sempre que tenha sido aplicada por entidade competente, por factos pelos quais a lei o permita e se encontre dentro do prazo legal fixado por essa entidade.

M.L.M.G.

A petição (artigo 222º, nº 1, do CPP):

"Carlos…, Capitão da Força Aérea Portuguesa, actualmente detido na Base do Lumiar, da Força Aérea Portuguesa, em Lisboa, veio requerer a presente providência de *Habeas Corpus*, em virtude de prisão ilegal, nos termos do disposto no artigo 222º, nº 2, als., a), b) e c), do CPP, com os seguintes fundamentos:

1. O requerente é Capitão da Força Aérea Portuguesa, na especialidade de piloto-aviador.

2. Em 10 de Setembro de 2004 declarou pretender fazer uso da licença prevista no nº 3 do artº 17º da Lei nº 4/84, de 5 de Abril, a partir de 15 de Outubro de 2004, para assistência às suas filhas ambas com 4 anos de idade.

3. Em 28 de Março 2005, ao abrigo do disposto no nº 5 do artº 77º da Lei 35/04 de 29.07, declarou a intenção de prorrogar, por mais seis meses, a referida licença,

4. O que lhe foi indeferido por despacho do Exmº. General Chefe do Estada Maior da Força Aérea, datado de 15 de Abril de 2005.

5. Em 27 de Abril de 2005 interpôs no Tribunal Administrativo e Fiscal de Braga acção administrativa com vista à declaração da Nulidade/anulabilidade do despacho referido no artigo anterior.

6. Em 28 de Abril de 2005 interpôs providência cautelar para suspensão da eficácia desse mesmo despacho.

7. Por decisão de 13 de Julho de 2005, foi negada a adopção da providência cautelar requerida.

8. Em 02 de Agosto de 2005 o requerente interpôs recurso de agravo da referida decisão para o Tribunal Central Administrativo do Norte.

9. Encontrando-se assim, ainda pendentes, a acção principal e a providência cautelar. Sucede porém, que em simultâneo com os referidos processos.

10. Em 20 de Abril de 2005, a Força Aérea Portuguesa instaurou ao requerente um processo disciplinar por o considerar em situação de ausência ilegítima desde 15 de Abril de 2005, tende tal processo culminado com a aplicação de uma pena de prisão disciplinar agravada de 25 dias, por despacho de 11 de Agosto de 2005, do Exm°. Sr. Chefe do Estado Maior da Força Aérea, notificado ao requerente em 26 de Agosto de 2005.

11. Além deste processo disciplinar, foi instaurado ao requerente um outro por considerá-lo novamente em situação de ausência ilegítima desde o dia 8 de Agosto de 2005.

12. Em 17 de Outubro, ao apresentar-se ao serviço, foi o requerente imediatamente detido para cumprimento da pena referida em 10, apesar dos protestos que fez.

13. Após o cumprimento da pena de prisão disciplinar agravada de 25 dias, no dia 11 de Outubro de 2005, no âmbito do processo disciplinar referido em 11 foi o requerente, antes que saísse em liberdade, de imediato e astuciosamente notificado do despacho punitivo do Exmo Sr. Chefe do Estado Maior da Força Aérea que a punia mais uma vez com a pena de prisão disciplinar agravada de mais 30 dias e imediatamente privado da liberdade, o que continua a acontecer até ao presente momento.

14. Porém, tal prisão é gritantemente violadora da lei e dos mais elementares direitos do requerente, como cidadão e militar, não podendo de modo nenhum manter-se.

Senão vejamos:

15. Não é possível impor ao requerente o cumprimento de tal pena sem que estejam transitados em julgado os processos pendentes já referidos, pois será necessário apurar se o mesmo tem efectivamente direito á licença que, no seu entendimento, a lei lhe confere, só devendo a pena ser imposta posteriormente.

16. Acresce que de acordo com o art° 123 do regulamento de disciplina militar, o despacho que puniu o recorrente só transita em julgado após o decurso do prazo de 30 dias, prazo durante qual poderá interpor o respectivo recurso contencioso, sendo desta forma também manifestamente ilegal e abusiva a imposição do seu cumprimento imediato.

17. Com efeito, se assim não for, o recurso que vier a ser interposto perderá todo o seu efeito útil, já que, como é bom de ver, de acordo com o art° 125° e ss. do RDM quando for tomada qualquer decisão, já há muito tempo o requerente cumpriu a pena que o priva neste momento da liberdade.

18. Tal eventualidade consubstanciará um grave atentado contra os direitos, liberdades e garantias do requerente, designadamente o direito à liberdade e à segurança, decorrente do disposto no artº 27º da Constituição da República Portuguesa.

19. Tanto mais que prescreve o nº 3 al.d) desse mesmo normativo que a prisão disciplinar só pode ser imposta se estiverem asseguradas as garantias de recurso para o tribunal competente, o que de modo algum está a ser observado.

20. De qualquer modo nunca a Força Aérea poderia aplicar in casu duas penas ao requerente, como o fez,

21. É que, como resulta claro do nº 2 do artº 73º do RDM (em paralelo com o disposto no artº 77º do Código Penal que prevê a aplicação de uma só pena no caso de concurso de crimes) havendo apreciação, simultânea, pela mesma entidade, das infracções praticadas será aplicada apenas uma única pena ao militar em falta.

22. In casu, parece claro que a apreciação das infracções supostamente praticadas pelo requerente foi feita simultaneamente e pela mesma entidade, devendo por isso ter sido aplicada uma única pena.

Senão vejamos:

23. A primeira infracção teve despacho punitivo em 11 de Agosto de 2005, que foi notificado ao requerente em 28 de Agosto de 2005, sem que a mesma tivesse transitado em julgado, já que o requerente deu entrada com acção administrativa para declaração de nulidade/anulabilidade do despacho punitivo em causa.

24. Por seu turno, a segunda foi praticada em 08 de Agosto, tendo a partir daí dado início a um novo processo disciplinar, que culminou com despacho punitivo de 10 de Novembro de 2005.

25. Pretendeu o Exmo. Sr. Chefe do Estado Maior da Força Aérea ultrapassar como ultrapassou, os limites da sua competência na aplicação de pena de prisão disciplinar agravada, pois que de acordo com o artº 39º do RDM e a tabela anexa, o mesmo só pode aplicar esta modalidade de pena, pelo período máximo de 30 dias,

26. O que não aconteceu, pois aplicou a pena de 55 dias consecutivos, 25 pela primeira infracção e 30 pala segunda quando devia ter feito o devido cúmulo jurídico, não podendo a pena única ultrapassar o prazo de 30 dias, como está a acontecer.

27. Tendo apenas em vista, ao impor mais uma pena ao requerente, prolongar o seu presídio, violando descaradamente a lei, com o simples objectivo de o humilhar e fazê-lo também servir de exemplo para outros

172   *Selecção Temática de Jurisprudência do Supremo Tribunal de Justiça*

que queiram exercer os seus direitos, designadamente o gozo da licença sem vencimento para a assistência às suas filhas menores de 6 anos [23] de idade, como pretende o requerente.

28. Estamos assim perante uma prisão manifestamente ilegal, nos termos da disposto no artº 222º, nº 2, als a), b) e c) do CPP, não restando outra alternativa ao requerente senão recorrer ao habeas corpus, pois não existem outros meios que lhe permitam fazer valer os seus direitos em tempo útil.

Termos em que requer que a presente petição seja recebida, e cumpridos os procedimentos legais, seja declarada ilegal a prisão e, consequentemente, ordenada a libertação imediata do requerente".

A informação (artigo 223º, nº 1, do CPP):

"1 – Dos Factos

1. O ora Requerente, capitão piloto-aviador da Força Aérea Portuguesa, colocado na Base Aérea nº 4, Lajes, Açores, apresentou, em 28MAR2005, requerimento para prorrogar a licença especial de assistência às filhas no domicílio de Braga, nos termos do artigo 47º da Lei nº 99/2003, de 27 de Agosto, regulamentada pela Lei nº 35/2004, de 29 de Julho.

2. Esta licença especial já vinha sendo gozada desde 15OUT2004, com termo marcado para 14ABR2005.

3. A prorrogação requerida teria início a 15ABR2005 e fim a 14OUT 2005.

4. Por despacho de 12ABR2005, o General Chefe do Estado Maior da Força Aérea (CEMFA) indeferiu este requerimento alegando a necessidade da prestação de serviço como piloto comandante de helicóptero na Esquadra 711 da Base Aérea nº 4, Unidade da Força Aérea à qual cabe a missão fundamental da Busca e Salvamento no Arquipélago dos Açores, não olvidando que é dever estatutário de todos os militares a permanente disponibilidade para o serviço, ainda que com sacrifício da própria vida ou dos interesses pessoais (nos termos do disposto nas alíneas b) e f) da Lei nº 11/89, de 1 de Junho – Lei Orgânica, de valor reforçado, nos termos do disposto nos artigos 166º, nº 2 e 112º, nº 3 da Constituição da República Portuguesa).

5. Em 14ABR2005 e na sequência deste indeferimento, o ora Requerente foi notificado por via telefónica de que se deveria apresentar ao serviço na BA-4, Lajes, no dia seguinte, 15ABR2005.

6. O ora Requerente não cumpriu com tal ordem de apresentação.

---

[23] Ou **4 anos** de idade (cfr. item 2)?

A Jurisprudência   173

7. Em 28ABR2005, o requerente apresentou, no Tribunal Administrativo e Fiscal de Braga, urna providência cautelar de suspensão de eficácia deste Despacho, tendo o General CEMFA determinado, em 05MAI2005 a prossecução da sua execução, face ao grave prejuízo para o interesse púbico, ao abrigo do estipulado no artigo 128º do Código de Processo nos Tribunais Administrativos (CPTA).

8. Ainda assim o ora Requerente não se apresentou ao serviço.

9. Em 13JUL2005, o TAF de Braga decidiu pelo indeferimento do pedido de suspensão de eficácia do acto administrativo.

10. Desta decisão do TAF de Braga interpôs o Requerente recurso, com efeito meramente devolutivo, para o Tribunal Central Administrativo do Norte.

11. Não foi preferida, até à presente data, decisão em sede de recurso jurisdicional, tal como não houve, até ao momento, citação da Força Aérea na acção principal.

12. Em 18JUL2005 e na sequência da sentença que negou a suspensão de eficácia, foi o ora Requerente notificado para se apresentar no dia 20 de Julho de 2005 no Comando Operacional da Força Aérea, em Monsanto, Lisboa, a fim de retomar o normal exercício das suas funções.

13. Porém, contrariamente ao que lhe fora ordenado, o militar não se apresentou ao serviço.

14. Na sequência da não apresentação do requerente ao serviço, foi a situação participada à Policia Judiciária Militar, por se configurar a eventual prática de crime de deserção, tal como estatui o artigo 73º, nº1, alínea b), do Código de Justiça Militar.

15. Convocado por aquela Polícia, o ora Requerente apresentou-se nas instalações da PJM cm 02AGO2005, tendo sido constituído arguido e tendo-lhe sido comunicada, uma vez mais, a obrigação de se apresentar imediatamente no Comando Operacional da Força Aérea, em Monsanto.

16. Não obstante esta expressa determinação por parte da PJM para a apresentação imediata, ainda assim o militar ora Requerente não cumpriu conforme lhe tinha sido ordenado.

17. Por não se ter apresentado ao serviço em 15ABR2005, conforme lhe tinha sido determinado, constitui-se o requerente na situação de ausência ilegítima, pelo que lhe foi instaurado a competente processo disciplinar.

18. Esse processo disciplinar foi avocado pelo CEMFA, nos termos do nº 2 do artigo 79º do Regulamento de Disciplina Militar (Doc. Nº 1), tendo culminado com o Despacho punitivo de 11AGO2005 (Doc. Nº 2), que aplicou ao militar em causa a pena de 25 dias de prisão disciplinar agravada.

174 *Selecção Temática de Jurisprudência do Supremo Tribunal de Justiça*

19. O ora requerente foi notificado deste Despacho em 26AGO2005 pelo 2° Comandante do Grupo Territorial da Guarda Nacional Republicana de Braga, com a expressa determinação de que se deveria apresentar na Base do Lumiar, em Lisboa, no dia seguinte à notificação, a fim de iniciar o cumprimento da pena disciplinar.

20. Mais uma vez não cumpriu com tal determinação.

21. Em 17OUT2005, apresentou-se finamente o Requerente, voluntaria-mente, na Base do Lumiar, em Lisboa, para cumprir a pena disciplinar que lhe havia sido imposta em 11AGO2OO5.

22. Por não se ter apresentado ao serviço no dia 08AGO2005, ignorando a expressa determinação por parte da PJM foi instaurado ao militar em causa um novo processo disciplinar.

23. Tal processo correu os seus devidos termos, sendo avocado pelo General CEMFA, nos termos do artigo 79° do RDM (Doc. n° 3), e con-cluído através do seu Despacho de 10NOV2005 (Doc n° 4), que puniu o recorrente com 30 dias de prisão disciplinar agravada, tendo ficado expresso que se tratava de urna reincidência, porquanto o arguido já havia sido condenado por idêntica infracção.

24. Desta condenação foi o ora requerente notificado na manhã de 11NOV2005, nas instalações da Base do Lumiar, pelo comandante da Unidade no seu gabinete, após ter sido formalmente e de facto dada por cumprida a pena disciplinar que anteriormente lhe havia sido imposta e, consequentemente, ter sido o mesmo devolvido à situação de liberdade.

25. O militar encontra-se presentemente a cumprir, na Base do Lumiar, a pena disciplinar a que foi condenado cm 10NOV05.

II – Do Pedido de Providência de Habeas Corpus

26. Sem prejuízo do douto entendimento que esse Supremo Tribunal vier a expender sobre o caso concreto, não pode o Chefe do Estado-Maior da Força Aérea deixar de manifestar a sua discordância face ao raciocínio do ora Requerente.

27. Segundo este trata-se de uma situação de prisão manifestamente ilegal urna vez que:

a. O cumprimento das penas disciplinares não deveria ser imposto sem que estejam transitados em julgado os processos pendentes, a saber, a acção principal interposta no TAF de Briga e, bem assim, o recurso jurisdicional em apreciação pelo TCA Norte, após a sentença sobre a providência cautelar;

b. Os despachos punitivos só transitam em julgado após o decurso do prazo de 30 dias, nos termos do artigo 123° do RDM, prazo durante o qual o militar poderá interpor o respectivo recurso contencioso, pelo que a execução da pena disciplinar e o seu cumprimento imediato é manifestamente ilegal e abusiva;

c. Deveria ter sido aplicada uma única pena disciplinar, nos termos do nº 2 do artigo 73º do RDM, uma vez que a mesma entidade apreciou, em simultâneo, as infracções cometidas. Ao assim não proceder, o General CEMFA ultrapassou os limites da sua competência disciplinar, aplicando uma pena de 55 dias consecutivos de prisão disciplinar, quando a pena única não podia ultrapassar os 30 dias, limite máximo estabelecido para esta sanção, nos termos do artigo 39º do RDM e tabela anexa.

28. No que concerne à necessidade de aguardar pelo trânsito em julgado dos processos pendentes no TAP de Braga e TCA Norte, tal entendimento é frontalmente contrariado pelo artigo 44º do Regulamento de Disciplina Militar, o qual determina que as penas disciplinar serão cumpridas, sempre que possível, seguidamente à sua aplicação.

29. Só assim não será, quando, por exemplo, razões de serviço, nos termos do nº1 do artigo 45º do RDM recomendarem o seu adiamento, Ainda assim, se o interesse da disciplina o exigir, a pena será cumprida de imediato, mesmo que com prejuízo do serviço.

30. E compreende-se que assim seja, urna vez que a característica fundamental da disciplina militar que os procedimentos sejam céleres, sem prejuízo da afectação dos direitos de defesa dos arguidos, de tal modo que a censura expressa pela pena seja o mais próxima possível, em termos temporais, do momento em que foi cometida a infracção.

31. Tal é a razão de ser do carácter obrigatório e imediato da instauração do procedimento disciplinar (artigo 77º do RDM), a celeridade dos procedimentos (artigo 80º do RDM) e dos reduzidos prazos de instrução e decisão (artigo 92º e 94º do RDM).

32. Não pode, assim, ter acolhimento o entendimento do Requerente, não só por contrariar a letra e o espírito das normas do RDM (vide artigo 44º), mas também por dar lugar a uma indesejável dilação no tempo entre o momento da prática do acto e o do cumprimento da pena, susceptível de prejudicar o efeito útil da manifestação de censura disciplinar por parte da autoridade hierárquica e de fazer perigar o efeito de manutenção da ordem e de prevenção geral na comunidade militar.

33. Cabe ainda invocar, em benefício do entendimento de que a reclamação e o recurso não suspendem a execução das penas, o preceituado no artigo 156º do RDM, em particular nos seus números 1 e 3.

34. Estando, nos termos da disposição acima citada expressamente estabelecido que as penas e os seus efeitos subsistem até à anulação por via de reclamação ou recurso, tal significa que houve produção de efeitos

176 *Selecção Temática de Jurisprudência do Supremo Tribunal de Justiça*

de facto e de direito, o que não aconteceria se a reparação ou recurso tivessem efeito suspensivo.

35. Nestes termos, a reclamação e o recurso da pena aplicada não impedem a sua imediata execução, pelo que a reacção do arguido terá efeito meramente devolutivo.

36. Quanto ao argumento de que os despachos punitivos só deveriam ser executados depois de esgotado o prazo para a interposição de recurso (artigo 123º do RDM), a posição atrás expressa também aqui integralmente se aplica.

37. De novo a censura disciplinar e o legítimo exercício dos poderes de autoridade da hierarquia militar ficariam dependentes da eventual apresentação e tramitação de recurso contencioso, incluindo os possíveis recursos jurisdicionais, perdendo-se, dessa forma, grande parte do efeito útil desse juízo de censura, tanto no plano da prevenção especial como no da prevenção geral.

38. Acresce, no caso presente, que não tem cabimento a invocação de recurso contencioso para Supremo Tribunal Militar, no prazo estabelecido no artigo 123º do RDM, uma vez que aquele Tribunal já foi extinto, por força da Lei nº 100/2003, de 13 de Novembro, que aprovou o novo Código de Justiça Militar,

39. Quanto ao argumento de que deveria ser aplicada uma única pena, uma vez que as infracções foram apreciadas pela mesma entidade, nos termos do nº 2 do artigo 73º do RDM também aqui se afigura errada a leitura que o ora Requerente faz das normas sobre disciplina militar.

40. O normativo indicado tem um sentido claro: se no mesmo processo disciplinar forem detectadas simultaneamente, pela mesma entidade hierárquica, um conjunto de infracções praticadas pelo mesmo arguido as várias sanções disciplinares que, teoricamente, caberiam a cada uma das infracções, deverão ser reunidas numa só pena.

41. Assim, tal como a uma só infracção disciplinar competirá urna singular sanção disciplinar, também no caso da avaliação simultânea de várias infracções disciplinares será cominada uma única pena.

42. Para as situações em que, tal corno sucede no caso vertente, existem vários procedimentos disciplinares, apreciados pela mesma entidade na sequência de infracções da mesma natureza, mas cometidas em momentos distintos, rege, especialmente, no âmbito disciplinar militar, o disposto no nº 2 do artigo 37º do RDM, em cujos termos se permite que a entidade que puniu uma vez volte a punira mesmo indivíduo, com penas da mesma natureza, não obstante ter sido atingido o limite da competência disciplinar na anterior punição.

A Jurisprudência 177

43. Desta forma, sem prejuízo do que se refere no anterior ponto 24. e porque se está perante dois processos disciplinares distintos, referentes a duas infracções diferentes, que nem sequer correram simultaneamente os seus termos, refuta-se a invocação de que terá sido aplicada uma pena de 55 dias consecutivos de prisão disciplinar agravada

44. Na esteira do permitido pelo já citado artigo 37º do RDM, a mesma entidade, General CEMFA, apreciou dais processos disciplinares distintos, referentes ao mesmo indivíduo, por infracções idênticas mas cometidas em momentos distintos, a saber, a não apresentação ao serviço em 15ABR2005 e, mais tarde, a não apresentação ao serviço em 08AGO2005, conforme ordenado pelas autoridades da PJM.

45. Por ser tratar de processos distintos entende-se que não estaria a entidade hierárquica impedida de aplicar, se os interesses da justiça militar assim o exigissem, em cada um desses processos, o máximo da sua competência disciplinar, no que às penas privativas da liberdade diz respeito.

46. Não obstante a invocação do Requerente de que já teria apresentada a acção administrativa relativa ao despacho punitivo de 11AGO2005, não houve ainda citação da mesma, desconhecendo a Força Aérea o seu teor.

47. Finaliza o Requerente a sua Petição alegando que a prisão é manifestamente ilegal e violadora do disposto no artigo 222º, alíneas a), b) e c), do Código de Processo Penal.

48. Segundo este normativo, o Supremo Tribunal de Justiça concede, sob petição, a providência de habeas corpus caso se verifique prisão ilegal proveniente:

a. Ter sido efectuada ou ordenada por entidade incompetente;

b. Ser motivada por facto pelo qual a lei não permite: ou

c. Manter-se para além dos prazos fixados na lei ou por decisão judicial.

49. Ao abrigo do disposto na alínea c) do nº 5 do artigo 8º da Lei nº 111/ /91, de 29AGO, os Chefes dos Estados-Maiores exercem as atribuições que lhes cabem no âmbito da justiça militar e administram a disciplina nos respectivos ramos.

50. Este exercício de atribuições e competências em matéria de justiça e disciplina não pode deixar de ser cumprido na plenitude, sob pena de ser posta em causa a coesão e a disciplina das Forças Armadas

51. No caso presente, o General CEMFA, legitimamente, avocou a competência disciplinar, nos termos do nº 2, do artigo 79º do RDM, tendo, posteriormente, em sede de despacho punitivo, exercido a competência que lhe é conferida pelo citado artigo 8º da Lei nº 111/91, respeitando os limites que o Regulamento de Disciplina Militar estabelece na aplicação da medida concreta da pena.

178 *Selecção Temática de Jurisprudência do Supremo Tribunal de Justiça*

52. Nestes termos, não há fundamento para deferir o habeas corpus com base em violação da alínea a) do n° 2 do artigo 222° do CPP.

53. De igual modo, o RDM prevê, no seu artigo 28°, a pena de prisão disciplinar agravada, bem corno a sua aplicação a oficiais, como é o Requerente, nos termos do artigo 34° do mesmo Regulamento.

54. Os Despachos punitivos, sob a forma escrita e devidamente fundamentados, tiveram em conta as regras a observar na apreciação das infracções, conforme determina o artigo 70° do RDM, bem como as agravantes e atenuantes da responsabilidade do infractor, tendo a entidade competente, o General CEMFA, entendido, no seu prudente juízo, sancionar a actuação do militar ora Requerente com a pena de prisão disciplinar agravada.

55, Nestes termos, não se verifica assim qualquer violação da alínea b) do n° 2 do artigo 222° do CPP.

56. Quanto à manutenção da prisão para além dos prazos fixados pela lei, de novo não há aqui qualquer violação ao normativo legal.

57. Com efeito, o militar infractor cumpriu, entre os dias 17OUT2005 e 11NOV05, a pena de 25 dias de prisão disciplinar agravada que lhe foi imposta no âmbito do primeiro processo disciplinar que lhe foi instaurado, tendo sequentemente sido formal e materialmente devolvido à liberdade.

58. Em 11N0V2005, após ter sido formalmente e de facto dada por cumprida a pena disciplinar iniciada em 17OUT2005 e, consequentemente, devolvido à situação de liberdade, foi o CAP/PILAV Carlos... notificado do Despacho punitivo de 10NOV2005, pelo que, dando-se execução ao disposto em sede do artigo 44° do RDM, a pena disciplinar começou a ser cumprida de imediato, não se verificando qualquer motivo ou razão de serviço que recomendasse ou impusesse o seu deferimento para momento posterior.

59. Nestes termos e contrariamente ao alegado, por ter sido efectivamente devolvido à liberdade o CAP/PILAV Carlos..., não se verifica qualquer violação dos limites da competência punitiva nem, tão pouco, a manutenção da situação de prisão para além do prazo máximo fixado na lei, não se verificando, em consequência, ofensa ao disposto na alínea c) do n° 2 do artigo 222° do CPP.

Pelo exposto, não deixarão V.Ex^as, Ilustres Venerandos Juízes Conselheiros desse Supremo Tribunal de Justiça, de apreciar a resposta da Força Aérea e, em consonância, indeferir o pedido de Habeas Corpus deduzido pelo Requerente, por manifesta falta de fundamento legal".

Convocada a Secção Criminal e notificados, o Ministério Público e o Defensor, teve lugar a **audiência** – artigos, 223°, n° 3, e 435° do CPP.

Conhecendo:

O peticionante tem legitimidade e pode formular, como formulou, a petição – artigo 222º, nº 2, do CPP.

Mantém-se a sua prisão, nos exactos termos da informação transcrita.

O *habeas corpus* é uma "providência extraordinária e expedita destinada a assegurar de forma especial o direito à liberdade constitucionalmente garantido [24]. O seu fim exclusivo e último é, assim, estancar casos de detenção ou de prisão ilegais".

Daí que os seus fundamentos estejam taxativamente previstos no nº 2 do artigo 222º, do CPP, e, assim, a ilegalidade da *prisão* deve provir de:

a) Ter sido efectuada ou ordenada por entidade incompetente;

b) Ser motivada por facto pelo qual a lei a não permite;

c) Manter-se para além dos prazos fixados por lei ou por decisão judicial.

E para que possa colher o pedido de *habeas corpus* é ainda necessário que a ilegalidade da prisão seja *actual*, actualidade reportada ao momento em que é necessário apreciar aquele pedido [25].

A prisão disciplinar agravada, enquanto sanção disciplinar passível de aplicação às classes de oficiais, sargentos, cabos e praças dos três ramos das Forças Armadas, está prevista, quanto a oficiais, no artigo 34º, nº 1-5, do Regulamento de Disciplina Militar (RDM), aprovado pelo Decreto-Lei nº 142/77, de 9 de Abril, com as alterações introduzidas pelo Decreto-Lei nº 434-I/82, de 29 de Outubro.

A competência das autoridades militares para aplicação daquela sanção disciplinar mostra-se tipificada nos artigos 37º e segs. do RDM, e consiste, de acordo com o disposto no seu artigo 28º, na reclusão do infractor em casa de reclusão.

Esta medida disciplinar, correspondente a infracção com considerável gravidade, compatibiliza-se com a CRP, que a prevê e autoriza, enquanto meio de privação de liberdade, no seu artigo 27º, nº 3, alínea d), a título meramente excepcional, atento o seu carácter não penal [26], desde que exista garantia de recurso para o tribunal competente.

---

[24] Artigo 31º, nºs 1, 2 e 3 da CRP.

[25] Cfr. Acórdãos de, 11.2.93, Acs do STJ nº 1, 196, 23.11.95, Proc. nº 112/95, de 21.5.97, Proc. nº 635/97, de 9.10.97, Proc. nº 1263/97, de 26.10.00, Proc. nº 3310/00-5, de 25.10.01, Proc. nº 3551/01-5 e de 24.10.01, Proc. nº 3543/01-3.

[26] Cfr. Gomes Canotilho e Vital Moreira, Constituição da República Portuguesa Anotada, 1993 ,pág. 186.

180   *Selecção Temática de Jurisprudência do Supremo Tribunal de Justiça*

O que acontece, achando-se, para o efeito, fixada a respectiva competência na jurisdição administrativa [27].

Do exame dos autos decorre que:

Após ter cumprido, entre 17 de Outubro e 11 de Novembro do ano corrente, a pena de 25 dias de prisão disciplinar agravada que lhe foi imposta no âmbito do *primeiro processo disciplinar* que lhe foi instaurado, e neste mesmo dia ter sido formal e materialmente devolvido à liberdade, assim se achando cumprida tal pena, logo nessa mesma data foi o peticionante notificado do despacho de 10 de Novembro de 2005, proferido no *segundo processo disciplinar*, e de imediato iniciou o cumprimento da pena de 30 dias de prisão disciplinar agravada, nele cominada [28].

Os dois processos disciplinares, instaurados em momentos temporais diversos, respeitam a *factualidade diversa*.

Ao abrigo do disposto na alínea c) do nº 5 do artigo 8º da Lei nº 111/91, de 29AGO, os Chefes dos Estados-Maiores exercem as atribuições que lhes cabem no âmbito da justiça militar e administram a disciplina nos respectivos ramos.

In casu, o General CEMFA avocou a competência disciplinar, nos termos do nº 2, do artigo 79º do RDM, tendo, posteriormente, no exercício da competência que lhe é conferida pelo citado artigo 8º da Lei nº 111/91, e respeitando os limites que o mesmo define, proferido os dois despachos a punir o peticionante.

O RDM prevê, no seu artigo 28º, a pena de prisão disciplinar agravada, bem como a sua aplicação a oficiais, como é o requerente, nos termos do artigo 34º do mesmo Regulamento.

Os despachos *sub juditio* acham-se fundamentados de acordo com o RDM.

O peticionante cumpriu entre 17 de Outubro e 11 de Novembro de 2005, a pena de 25 dias de prisão disciplinar agravada que lhe foi imposta no âmbito do *primeiro processo disciplinar – Processo nº 13-D/5*, da Base Aérea nº 4 – que lhe foi instaurado, tendo sido formal e materialmente devolvido à liberdade.

---

[27] Com a entrada em vigor do novo CJM e da LOFTJ (Lei nº 105/2003, de 10 de Dezembro).

[28] De acordo com o artigo 44º (Momento do cumprimento da pena) do RDM, as penas disciplinares serão cumpridas, sempre que seja possível, seguidamente à sua aplicação.

A Jurisprudência   181

Em 11 de Novembro de 2005, após ter sido formalmente dada por cumprida aquela pena disciplinar, foi o peticionante notificado do despacho de 10 de Novembro de 2005, relativamente ao *segundo processo disciplinar – Processo nº 27-D/05*, da Base Aérea nº 4 – logo se iniciando o cumprimento da pena de prisão disciplinar agravada de 30 dias – *que, hoje, ainda se não encontra cumprida*.[29]

Invoca, ainda e também, o peticionante que a sua prisão viola a lei e os seus direitos mais elementares.

E argumenta, para o efeito que:

a) o cumprimento das penas disciplinares que lhe foram aplicadas não deveria ser imposto sem que estejam transitados em julgado os processos pendentes, a saber, a acção principal interposta no TAF de Braga e, bem assim, o recurso jurisdicional em apreciação pelo TCA Norte, após a sentença sobre a providência cautelar;

b) os despachos proferidos só transitam em julgado após o decurso do prazo de 30 dias, nos termos do artigo 123º do RDM, prazo durante o qual o militar poderá interpor o respectivo recurso contencioso, pelo que a execução da pena disciplinar e o seu cumprimento imediato é manifestamente ilegal e abusiva; e,

c) deveria ter sido aplicada uma única pena disciplinar, nos termos do nº 2 do artigo 73º do RDM, uma vez que a mesma entidade apreciou, em simultâneo, as infracções cometidas.

Mas esquece que a presente providência de *habeas corpus*, como expediente extraordinário que é de salvaguarda da liberdade, se destina exactamente a garantir essa salvaguarda, e *não a reexaminar decisões judiciais*.

Para tal estão previstos os outros meios *normais* de impugnação, no âmbito dos quais podem e devem ser examinadas questões tais como as que agora coloca.

Com efeito, tem entendido este Supremo Tribunal que o *habeas corpus*, tal como o configura a lei (artigo 222º do CPP), é uma providência extraordinária e expedita destinada a assegurar de forma especial

---

[29] Estamos perante dois processos **disciplinares** distintos, em que o peticionante foi punido, quanto ao primeiro, por violação dos deveres 1º (com referência ao nº 1 do artigo 14º do EMFAR) e 33º do artigo 4º do RDM (despacho de 11 de Agosto de 2005), e quanto ao segundo, por violação dos deveres 1º (com referência ao nº 1 do artigo 14º do EMFAR, e alínea f) do artigo 2º da Lei nº 11/89, de 1 de Junho) e 33º do artigo 4º do RDM (despacho de 10 de Novembro de 2005), processos disciplinares esses com âmbito diverso do inquérito que contra ele, também, correu no DIAP de Lisboa, participado pela FAP e no qual lhe era imputado um **crime de deserção**, entretanto arquivado, nos termos do artigo 277º, nº1, do CPP, em decisão datada de 8 do corrente mês.

o direito à liberdade constitucionalmente garantido, que não um recurso; um remédio excepcional, a ser utilizado quando falham as demais garantias defensivas do direito de liberdade, para estancar casos de detenção ou de prisão ilegais.

Por isso que a medida não pode ser utilizada para impugnar outras irregularidades ou para conhecer da bondade de decisões judiciais [30] [31], que têm o recurso como sede própria para a sua reapreciação, perfilando como fundamentos, que se reconduzem todos à ilegalidade da prisão, *actual à data da apreciação do respectivo pedido*: **a)** incompetência da entidade donde partiu a prisão; **b)** motivação imprópria; **c)** excesso de prazos [32].

Ora, o peticionante encontra-se em cumprimento de uma pena de prisão disciplinar agravada, que, decidida pela entidade competente, foi motivada por factos pelos quais a lei a permite, e se mantém dentro do prazo fixado na decisão condenatória.

A prisão não é, assim, ilegal (artigo 222º, nº 3, citado) e, como tal é de indeferir o seu pedido de *habeas corpus*.

Que é, como claramente resulta do exposto, *manifestamente infundado*.

Termos em que acordam os Juízes da Secção Criminal do Supremo Tribunal de Justiça em *indeferir*, por falta de fundamento legal, o pedido de *habeas corpus* deduzido pelo requerente.

O peticionante pagará taxa de justiça que se fixa em 6 Ucs (artigo 84º, nº 1, do CCJ), e 6 Ucs. nos termos do nº 6 do artigo 223º do CPP, por ser manifestamente infundada a petição.

Lisboa, 24 de Novembro de 2005

Costa Mortágua
Rodrigues da Costa
Oliveira Simões
Abrantes dos Santos

---

[30] O meio de se obter reforma de decisão injusta, inquinada de erro de julgamento ou vício substancial, será sempre o recurso e nunca o "habeas corpus" (*Leal-Henriques, Medidas de Segurança e Habeas Corpus*, 56).

[31] É pacífico, de resto, o entendimento por parte deste STJ que este Tribunal não pode substituir-se ao juiz ("mutatis mutandis" à Entidade militar) que ordenou a prisão em termos de sindicar os seus motivos, com o que estaria a criar um novo grau de jurisdição (cfr. Ac. de 10.10.90, Pº nº 29/90-3); igualmente lhe está vedado, repete-se, apreciar irregularidades processuais a montante ou a jusante da prisão, com impugnação assegurada pelos meios próprios, fora, pois, do horizonte contextual pertinente.

[32] Cfr. o acórdão deste Supremo Tribunal, proferido em 30-08-2001, no Proc. nº 2809/01-5.

Anotação:

O decidido quanto à possibilidade de os reclusos cumprindo prisão disciplinar aplicada a militares se socorrerem da providência de habeas corpus integra-se tanto na orientação corrente e unânime do Supremo Tribunal Militar como na da Secção Criminal do Supremo Tribunal de Justiça, que passou a ser competente para o conhecimento desta providência quanto àquela prisão após a extinção do Supremo Tribunal Militar.

Quanto à impossibilidade de formulação simultânea de um meio normal de impugnação (recurso) e de providência de habeas corpus, trata-se de orientação largamente dominante, quer na doutrina quer na jurisprudência do Supremo Tribunal de Justiça. Na doutrina pode porém apontar-se, em sentido contrário, Prof. Germano Marques da Silva, que no Curso de Processo Penal, 2.ª ed., II, 301, sustenta a possibilidade de coexistência de recurso e de habeas corpus. Quanto à jurisprudência do Supremo Tribunal de Justiça pode apontar-se o acórdão de 1 de Julho de 2001, processo n.º 2521-3.ª, como aceitando, embora hesitantemente, a possibilidade de coexistência. Sobre esta questão vejam-se o relatório do Decreto-Lei n.º 35.043, de 20 de Outubro de 1945, diploma que inspirou dispositivos de leis posteriores sobre habeas corpus e as anotações aos Códigos de Processo Penal de Simas Santos Leal Henriques e de Maia Gonçalves, artigos 222.º e 219.º.

M.L.M.G.

III.ª Parte
A DOUTRINA

O NOVO CÓDIGO DE JUSTIÇA MILITAR
(CJM 2003)

A revisão constitucional de 1997 operou várias alterações no direito penal militar, entre as quais se destacam a extinção dos Tribunais Militares e a revisão do Código de Justiça Militar (CJM), que vieram a ser materializadas no final de 2003 com a publicação de legislação específica, cuja entrada em vigor ocorreu em 14 de Setembro de 2004.

No que se refere à extinção dos Tribunais Militares, e sem se pretender pôr em causa o que está perfeitamente estatuído em lei, afigura-se-nos todavia útil tecer algumas considerações para que melhor se possa ponderar da análise que faremos sobre alguns aspectos do novo CJM.

É do domínio comum que a extinção dos Tribunais Militares, em tempo de paz, foi polémica e que a ela se opuseram vários juristas consagrados [33], argumentando com fundamentação jurídica até hoje não cabalmente refutada, o que, desde já, poderá levar-nos a concluir que na extinção dos Tribunais Militares pesaram mais razões de ordem politica do que eventuais deficiências na aplicação do Direito Penal Militar.

Na revisão constitucional de 1997 foi reconhecida a especificidade do direito penal militar, apenas não consentindo que este seja orientado por princípios divergentes do direito penal comum. Então, pareceria ter sido suficiente proceder à revisão do CJM, reformulando-o no sentido de se atingir essa finalidade, mantendo contudo os Tribunais Militares, como tribunais especializados que eram, para administrar a justiça penal militar.

---

[33] Jorge Figueiredo Dias in Colóquio Parlamentar (1995)

Admite-se até, se assim tivesse sido entendido, operar uma ligeira alteração na estrutura organizacional desses tribunais, passando a incluir nos seus quadros, um representante do Ministério Publico, para orientar a acção dos promotores de justiça.

Dessa forma julgamos que seria convenientemente acautelada a especificidade da justiça militar, realidade que não deixou de o ser só pelo facto de acabarem os Tribunais Militares em tempo de paz. Aliás, essa especificidade acaba por ser reconhecida pela própria Constituição (Artº 219 nº3), com concretização nas Leis 100/2003 e 101/2003 ambas de 15 de Novembro, ao admitir assessores militares junto do Ministério Publico, com exigência de parecer prévio, embora não vinculativo, nos processos por crimes estritamente militares. Essa especificidade também é reconhecida pelo legislador ao prever a existência de Núcleos de Assessoria Militar junto dos DIAP de Lisboa e do Porto e juízes militares nos Tribunais Judiciais das várias instâncias.

Tal deve-se, em nosso entender, ao facto de a especificidade da justiça militar ser intrínseca à própria condição militar e à natureza dos bens a proteger (a Defesa Nacional), sendo indiferente serem os Tribunais Militares ou os Tribunais Judiciais a julgar os crimes de natureza estritamente militar. Ou seja, não eram os Tribunais Militares que davam a especificidade à justiça militar, ao contrário, era essa especificidade que justificava a existência de Tribunais Militares.

No que se refere à administração da justiça militar, merece comentário o que se relaciona com a celeridade na tramitação dos processos por crime estritamente militares. Não sendo estes objecto de qualquer prioridade nos Tribunais Judiciais, corre-se o risco de, em muitos casos, o julgamento desses crimes militares ser feito após o arguido ter perdido o seu vínculo as Forças Armadas e, consequentemente, a sua condição de militar. Assim acontecendo, estará obviamente prejudicado o efeito das penas aplicadas, no que concerne às exigências de prevenção geral, já que, sendo a disciplina o esteio da instituição militar, o exemplo que resultaria da pena aplicada a um militar, é minimizada para os restantes militares que tiveram conhecimento da prática do crime à data dos factos. E é evidente que, para o próprio arguido, também há prejuízo, na medida em que, depois de desvinculado da instituição militar, é submetido ao cumprimento de uma pena por um crime específico, cometido num período da sua vida e no exercício de uma actividade que para ele terminou definitivamente [34].

---

[34] Aplica-se sobretudo aos militares que prestam serviço no regime de contrato.

Verifica-se assim estarmos perante dois aspectos que, em nosso entender, continuam a ter enorme relevo na aplicação da justiça militar, que são a sua especificidade e a exigência de celeridade na tramitação dos processos.

Se o novo CJM é alheio à desejável celeridade processual, outro tanto já não acontece no que concerne à sua especificidade, sobre a qual reflectiremos de seguida.

Comecemos pela análise da definição de "Crimes de natureza estritamente militar" comparando-a com a de "Crimes essencialmente militares" prevista no CJM 77.

Neste diploma, consideravam-se "Crimes essencialmente militares" os factos que violassem algum dever militar ou ofendessem a segurança e a disciplina das Forças Armadas, bem como os interesses militares da defesa nacional, e que como tal fossem qualificados pela lei militar".

Conforme estatuído no novo CJM constitui "crime estritamente militar" o facto lesivo dos interesses militares da defesa nacional e os demais que a Constituição comete às Forças Armadas e como tal qualificados por lei.

Deixaram portanto de ser qualificados como "crime militar" os factos que violem algum dever militar ou ofendam a segurança e a disciplina das Forças Armadas.

O legislador justifica esta alteração pelo facto de pretender reafirmar a prevalência do foro material do direito penal militar, removendo os vestígios do foro pessoal, que ainda existiam no CJM 77.

A verdade porém é que, os valores que se visavam proteger no âmbito dos crimes essencialmente militares são intrínsecos à própria condição militar e não podem ser alienados ou postos em causa se os factos atentarem contra os mesmos, muito em particular se o agente do crime for um militar.

Daí que, em nossa opinião, qualquer magistrado ao julgar um crime de natureza estritamente militar não poderá (não deverá) deixar de avaliar se o crime cometido atenta contra aqueles valores, mormente quando o agente é militar, na medida em que tais valores representam a essência da instituição militar e a eles prestam juramento todos os que ingressam na vida militar.

Alienados esses valores, as Forças Armadas deixarão de ser um corpo especial organizado, disciplinado e permanentemente disponível para actuar em qualquer situação, seja na paz ou na guerra, correndo o risco de se tornarem num bando armado, ao sabor de interesses e critérios dificilmente compagináveis com os interesses da defesa nacional.

Neste enquadramento, analisemos alguns tipos de crimes de natureza estritamente militar previstos no novo CJM, relativamente aos quais esses valores deverão estar presentes, serem avaliados e valorados, sob pena de se cair no julgamento de um crime penal comum:

– Artº 33º – <u>Violação do segredo de Estado</u>

Este artigo do CJM é em tudo idêntico ao Artº 316º do Código Penal (CP), até na moldura penal prevista para cada uma das situações, sendo embora mais restrito porque visa apenas a protecção dos interesses militares do Estado. Entende-se todavia que a medida concreta da pena a aplicar ao agente do ilícito deve ser mais gravosa quando o mesmo seja militar, na medida em que jurou fidelidade à defesa da independência nacional, como condição para exercer a sua função militar, o que não acontece sendo civil.

– Artº 34º – <u>Espionagem</u>

Aplica-se inteiramente a este artigo, em tempo de paz, o que foi referido na análise do artigo anterior, com referência ao art. 317º do CP.

– Artº 36º – <u>Corrupção passiva para a prática de acto ilícito</u>

Neste artigo é estabelecida uma especificidade relativamente ao previsto no Artº 372º do CP, que diz respeito à exigência de que da acção típica resulte "perigo para a segurança nacional", estipulando uma moldura penal mais elevada.

Todavia, ao admitir-se que o crime possa ser cometido por militares ou civis funcionários das Forças Armadas julga-se que, pelas razões já atrás expostas, a medida concreta da pena deverá ser mais gravosa para os militares.

– Artº 37º – <u>Corrupção activa</u>

Aplica-se integralmente o referido no artigo anterior, com referência ao Art. 374º Do CP.

– Artº 38º – <u>Incitamento à guerra</u>

A especificidade introduzida neste artigo, quando comparado com o Artº 326º do CP, refere-se à qualidade do agente (português, estrangeiro ou apátrida) e à condição de residir ou se encontrar em território português, não fazendo qualquer referência a militares, razão pela qual não se entende tal especificidade aplicada num artigo acolhido no CJM.

O agravamento da moldura penal, em relação ao CP, deve-se tão só àquela especificidade, pelo que na aplicação da medida da pena dever-se-á ter em atenção a qualidade do agente, se for militar.

– Artº 66º – __Abandono de posto__

Em nosso entender, a moldura penal fixada para este tipo de crime, quando cometido em tempo de paz, não traduz a gravidade do mesmo, se cometido por um militar, já que é igual à moldura prevista no Artº 385º do CP.

É evidente que o militar que abandona o posto onde se encontra de serviço, no exercício de funções de segurança, compromete declaradamente a segurança das instalações e do material de guerra à sua guarda, atentando deste modo contra os interesses da defesa nacional, que é precisamente o bem que se pretende proteger. Por tal razão, deveria a moldura penal ser mais gravosa, já que o grau de ilicitude é incomparavelmente maior do que no caso de um civil, que abandonando o posto apenas tem intenção de "impedir ou interromper o serviço publico" – Artº 385º do CP.

CAPITULO V – SECÇÃO I – __Deserção__ (Artº 72º a 75º)

O crime de deserção, que é um crime específico próprio, só passível de ser cometido por militares, não tem qualquer similitude com os crimes comuns.

Por tal razão é considerado um crime de extrema gravidade, mesmo que cometido em tempo de paz, na medida em que a sua configuração abala a estrutura militar naquilo que ela tem de mais nobre na razão da sua existência, que é a disponibilidade permanente dos militares para cumprirem todas as missões que lhe estão confiadas, se necessário com sacrifício da própria vida.

Daí que a deserção de um militar não pode ser tolerada, em circunstância alguma, sejam quais forem as razões invocadas e muito menos pode ser confundida e tratada como a cessação de um vínculo laboral, já que a prática deste crime afecta seriamente a coesão e a capacidade militar das Forças Armadas.

Tolerar que um militar se ausente do serviço, quando e sempre que lhe aprouver, será aniquilar essa capacidade das Forças Armadas para cumprir as missões atribuídas, muito em particular as mais difíceis e de maior risco.

Assim, salvo melhor opinião, as molduras penais previstas no CJM para este crime (Artº 74º e Artº 75º) pecam por benévolas, quando comparadas com outros crimes tipificados e que temos como sendo de menor gravidade

CAPITULO V – SECÇÃO IV – <u>Extravio, Furto e Roubo de Material de Guerra</u> (Art° 81° a 84°)

Esta secção do CJM trata apenas do furto ou roubo de material de guerra, deixando de fora o furto ou roubo de outro tipo de material ou de valores, que são tratados como crimes comuns.

Acontece, porém, que se o agente do furto ou roubo deste material (ou valores) for um militar e o local onde o mesmo ocorrer for uma unidade militar, tal crime reveste-se de maior gravidade, já que o acto em si atenta contra um conjunto de valores e virtudes militares que assumem extrema relevância na condição militar.

De facto, este ilícito afecta gravemente a confiança mútua, a camaradagem e a coesão do grupo em que o agente está integrado e nesse sentido, procurando proteger estes valores, assim dispunha o CJM 77 (Art° 201°).

Na determinação da medida da pena, actualmente em sede do CP, não deve, pois, deixar de ser valorada como circunstância agravante a sua condição de militar.

CAPITULO VI – <u>Crimes Contra a Autoridade</u> (Art° 85° a 91°)

Os crimes previstos nestes artigos são em parte semelhantes aos que constam nos artigos 143° a 152° do CP. Todavia, a especificidade da condição militar foi tida em consideração, quer na própria designação do Capítulo, que no CJM se intitula de "<u>Crimes contra a autoridade</u>" e no CP se designa por " <u>Crimes contra a integridade física</u>", quer no agravamento das molduras penais, quando o agente for militar.

Mas de entre os "Crimes contra a Autoridade", releva-se o "<u>Crime de insubordinação por desobediência</u> " (Art° 87° – CJM) o qual não pode, em circunstância alguma, ser enquadrado no Art° 348° do CP (Desobediência) já que fere um princípio basilar da hierarquização das Forças Armadas, sem a qual esta instituição deixará de poder cumprir a sua missão.

Por último, julgamos de interesse a abordagem de um aspecto de ordem geral, que se prende com a suspensão da pena de prisão aplicadas a militares.

De acordo com o Art° 17°, o novo CJM admite a suspensão da pena de prisão nos moldes regulados no CP, o qual, no seu Art° 50°, prevê a suspensão da pena de prisão aplicada em medida não superior a 3 anos.

O CJM 77 não admitia a suspensão da execução das penas de prisão aplicadas a militares, o que se compreendia, sabendo que na instituição militar os seus elementos vivem quase permanentemente em comum, factor este relevante para a não continuação do condenado em contacto directo com o ofendido e/ou com o bem que se pretende proteger.

Parece por isso evidente que tal ocorrência será propiciadora de situações difíceis, em termos de disciplina, coesão, espírito de corpo, camaradagem e confiança que, como referido, constituem os princípios básicos da vivência na instituição militar.

Por outro lado, ao admitir-se a suspensão da execução da pena nos moldes regulados pelo Artº 50º do CP, sem que tivessem sido adaptadas as molduras penais de alguns crimes estritamente militares do CJM resulta que, por força das mesmas, a maioria das penas a aplicar tenderão a ser "automaticamente" suspensas.

Veja-se, por exemplo, o crime aludido anteriormente como de extrema gravidade, a deserção, para o qual a moldura penal prevista, em tempo de paz, para Sargentos e Praças é de 1 a 4 anos; neste caso, quando da determinação da medida da pena, só utilizando o terço superior da moldura penal é que a mesma será superior a 3 anos, o que estatisticamente está provado acontecer pouco frequentemente.

Mas, para o mesmo crime e os mesmos agentes, se a deserção for cometida por "negligência" a pena a aplicar será de 1 mês a 1 ano, o que pressupõe uma suspensão quase inevitável da sua execução.

Julga-se, por isso, que nas sentenças por crimes militares, deverá ser bastante restritiva a suspensão da execução das penas, quando por força da moldura penal prevista para determinado crime, o limite superior da mesma for inferior a 3 anos, já que tais molduras penais transitaram do CJM/77 sem alteração e, como já referido, este Código não admitia a suspensão da execução da pena de prisão aplicada a militares.

Nesta breve análise procurámos reflectir, no essencial, sobre aspectos em que o profundo conhecimento que detemos da instituição militar poderá contribuir para uma melhor administração da justiça.

A jurisprudência que for sendo fixada, em resultado das sentenças que vierem a ser proferidas, trará oportunidade de novas e mais aprofundadas reflexões sobre o tema.

OS JUIZES MILITARES DO STJ

A JUSTIÇA PENAL MILITAR TEM FUTURO?

1. A Revisão Constitucional de 1997 (aprovada pela Lei Constitucional nº 1/VII, de 20 de Setembro de 1997) introduziu inovações muito significativas na Justiça Penal Militar portuguesa [35]. Essas modificações são mesmo tão profundas que justificam a pergunta, em tom provocatório, que serve de título a este texto. Assim, por força da mencionada revisão, os tribunais militares não podem funcionar em tempo de paz; o conceito de crimes "essencialmente militares" é substituído pelo conceito de crimes "estritamente militares"; o julgamento dos crimes "estritamente militares" é cometido, em tempo de paz, aos tribunais comuns (ainda que com participação de juízes militares); em tempo de guerra, os tribunais militares apenas julgam crimes estritamente militares [36].

A primeira orientação normativa resulta do artigo 213º da Constituição, o qual prescreve que "durante a vigência do estado de guerra serão constituídos tribunais militares com competência para o julgamento de crimes de natureza estritamente militar". Desta norma infere-se que só em tempo de guerra há lugar a tribunais militares. Mas dela resulta ainda, dada a fórmula verbal utilizada ("serão"), que essa constituição é obrigatória, não correspondendo a um poder discricionário do Estado [37].

---

[35] Sobre a história do Direito Penal Militar, cuja autonomia remonta a 1640, quando foi criado o Conselho de Guerra, cfr. Francisco Costa Oliveira, *O Direito Penal Militar – Questões de Legitimidade*, 1996, p. 28 e ss., e António de Araújo, "A jurisdição militar (do Conselho de Guerra à revisão Constitucional de 1977", *O Direito de Defesa Nacional e das Forças Armadas* (ob. col. de Carlos Blanco de Morais et.al.), 2002, p. 531 e ss.

[36] Cfr. estas quatro ideias essenciais em Marcelo Rebelo de Sousa e José de Melo Alexandrino, *Constituição da República Portuguesa Comentada*, 2000, pp. 339 – 340.

[37] Ver, neste preciso sentido, Vitalino Canas, Ana Luísa Pinto e Alexandra Leitão, *Código de Justiça Militar Anotado*, 2004, p. 10.

Em segundo lugar, a eliminação do conceito de crimes "essencialmente militares" não pode deixar de ser entendida como manifestação de um desígnio restritivo. Com efeito, o referido conceito tinha potenciado, na vigência do Código de Justiça Militar de 1977, um alargamento muito sensível do âmbito dos crimes militares, que permitia incluir nele praticamente quaisquer crimes [38], a pretexto de que os respectivos ilícitos alcançariam um significado ou uma natureza especiais, quando praticados por militares (crimes específicos impróprios [39]) ou contra bens jurídicos militares [40].

---

[38] Cfr. a análise de Luís Nunes de Almeida em *Justiça Militar* (Colóquio Parlamentar), 1995, p. 78. Referindo-se ao Código de Justiça Militar de 1977, o autor critica a conversão dos crimes acidentalmente militares em crimes essencialmente militares e a qualificação como essencialmente militares de crimes cuja única conexão com a instituição militar era terem sido praticados por militares. Cavaleiro de Ferreira, por seu turno, censura o mesmo Código por submeter à jurisdição militar cidadãos não militares, o que equivaleria à "criação de tribunais de excepção para os cidadãos, sem permissão da Constituição". Na opinião deste autor, o erro de partida assenta em se considerar "o interesse nacional de defesa da Pátria subordinado à exclusiva tutela das instituições militares e não directamente ao Estado e seus órgãos de soberania". É óbvio que o novo Código de Justiça Militar, aprovado pela Lei nº 100/2003, de 15 de Novembro, só teria contribuído para agravar este problema, ao retirar do Código Penal vários crimes comuns contra o Estado, se, em simultâneo, não tivessem sido extintos os tribunais militares em tempo de paz.

[39] Sobre a distinção entre crimes específicos próprios e impróprios, cfr. Figueiredo Dias, *Direito Penal · Parte Geral · Tomo I · Questões Fundamentais · A Doutrina Geral do Crime*, 2004, pp. 287-8. Os crimes específicos contrapõem-se aos crimes comuns. Enquanto os primeiros podem ser praticados por qualquer pessoa, o que é indiciado, em regra, pelas expressões "quem" ou "aquele que" para identificar o círculo de autores (são crimes comuns os previstos nos artigos 25º a 47º, 68º, 69º, 70º, nºs 2 e 3, 78º, 79º, 82º e 84º do Código de Justiça Militar), os segundos só podem ser praticados por quem possua "qualidades ou relações especiais "(artigo 28º do Código Penal). No Código de Justiça Militar, estão previstas as qualidades ou relações de "superior hierárquico" (artigo 48º), "militar" (artigos 50º a 56º, 58º, 65º a 67º, 72º, 81º, 85º a 98º, 100º, 102º e 103º), "chefe militar" (artigo57º), "comandante de força ou instalação militares" (artigos 59º a 61º, 64º, 71º, 99º e 101º), "membro da guarnição de navio de guerra" (artigo 62º), "comandante de navio de guerra ou de força naval" (artigo63º), "militar inimigo" (artigo 70º), "oficial" (artigo 74º), "cidadãos na reserva, abrangidos pela mobilização civil ou obrigados ao fornecimento de material" (artigos 76º e 77º), "oficial prisioneiro de guerra" (artigo104º) e "comandante, piloto ou prático de navio mercante" (artigos 105º e 106º). O nível de deveres varia de caso para caso, explicando a criação dos diferentes crimes. Assim, é curioso verificar, por exemplo, que só o oficial prisioneiro de guerra (mas não outros militares) cometem um crime se faltarem à sua palavra (artigo 104º), o que conduz à inaceitável conclusão de que os soldados e sargentos não têm palavra ou não a podem dar. De todo o modo, aplica-se a estes crimes específicos, próprios ou impróprios, o regime do artigo 28º do Código Penal, por força do nº 1 do artigo 2º do Código de Justiça Militar. Por conseguinte, nos termos daquele artigo, que consagra uma excepção à doutrina da acessoriedade, basta que qualquer comparticipante (ainda que instigador ou mero cúmplice) possua a qualidade ou relação especial para que

A Justiça Penal Militar tem Futuro?

É razoável prever que o conceito de crimes "estritamente militares" (artigos 211º, 213º e 219º, nº 1, da Constituição) resista melhor a tentativas de manipulação, embora se deva reconhecer que a inclusão de crimes comuns e de crimes específicos impróprios no Código de Justiça Militar gera óbvias dificuldades na autonomização de um Direito Penal Militar [41].

Em terceiro lugar, a competência dos tribunais comuns para o julgamento de crimes de natureza estritamente militar é pressuposta, de modo inequívoco, pelo nº 3 do artigo 211º da Constituição. Esta norma estipula que os tribunais (de qualquer instância) integrarão então "um ou mais juízes militares, nos termos da lei" [42]. Importa sublinhar, de novo, que é obrigatório

---

todos os restantes sejam puníveis pelo crime específico. Ressalvam-se os casos em que há "outra intenção da norma incriminadora" (parte final do nº 1 do artigo 28º do Código Penal), isto é, os chamados crimes de mão própria, cuja execução material apenas pode ser assegurada pelo portador da qualidade ou da relação especial (como sucede, precisamente, na hipótese de "falta à palavra de oficial prisioneiro de guerra"), e as situações em que a posse da qualidade ou da relação especial por um dos compartícipantes (artigo 28º, nº 2) não contribuiu para a conduta dos restantes, devendo então estes ser punidos, mais levemente, pelo crime comum e não pelo crime específico impróprio (artigo 28º, nº 2).

[40] A jurisprudência do Tribunal Constitucional foi especialmente crítica em relação ao Código de Justiça Militar de 1977 e a esta concepção ampla de bens jurídicos militares, tendo julgado inconstitucionais várias normas que previam crimes essencialmente militares, como o furto de objectos não adstritos às finalidades cometidas às Forças Armadas, apenas devido à titularidade formal desses objectos (artigo 16º do Código de Justiça Militar), por violação dos artigos 213º e 215º da Constituição (na versão de 1989) – ver, entre outros, os Acórdãos do Tribunal Constitucional nºs 49/99, 432/99 e 434/99, consultáveis em www.tribunal constitucional.pt. É interessante analisar, neste sentido, o Acórdão do Tribunal Constitucional nº 967/96, consultável no mesmo local, que julgou inconstitucional a norma do artigo 16º do Código de Justiça Militar, agora por violação dos artigos 18º, nº 2, e 2º da Constituição, na interpretação segundo o qual o conceito "tropa reunida" seria preenchido pela simples presença, ainda que ocasional e fortuita, no local da prática do crime, de dez ou mais militares, ainda que tal local não seja local de serviço.

[41] Essas dificuldades são ainda agravadas pela circunstância de a fronteira entre defesa nacional e segurança interna se esbaterem perante o quadro de novas ameaças, incluindo o terrorismo internacional e as armas de destruição massiva – cfr. as Bases do Conceito Estratégico de Defesa Nacional e o Conceito Estratégico de Defesa Nacional, consultáveis em www.portugal.gov.pt .

[42] O artigo 115º do Código de Justiça Militar veio determinar que nas secções criminais em que se decida processo por crime estritamente militar intervém como adjunto (não relator) um juiz militar e que essa intervenção se faz por escala, salvo nos processos directamente relacionados com um ramo da Forças Armadas ou com a G.N.R., em que o juiz militar é oriundo desse ramo (fazendo-se por sorteio a sua substituição, nas faltas, impedimentos, recusas ou escusas). Daqui se infere que deve haver quatro juízes militares em cada tribunal competente, o que é expressamente previsto nos artigos 105º, nº 4, 29º-A e 50º-A da Lei de Organização e Funcionamento dos Tribunais Judiciais, na redacção dada pela Lei nº 105º/2003, de 10 de Dezembro. O estatuto dos juízes militares e dos assessores militares

que dos tribunais comuns façam parte estes juízes militares. Por outro lado, a Constituição não admite que esses juízes esgotem a composição do tribunal ou estejam sequer em maioria [43]. Interpretação diversa do texto constitucional seria *contra legem*, violaria as regras interpretativas consagradas nos nºs 2 e 3 do artigo 9º do Código Civil e frustraria a *ratio essendi* da norma. Além disso, a intervenção dos juízes militares esgota-se no julgamento dos crimes estritamente militares, ante o disposto no nº 3 do artigo 211º da Constituição. Na verdade, apesar de o preceito não proibir expressamente que os juízes militares continuem a integrar os tribunais comuns quando estes julgarem os restantes crimes, uma tal conclusão contenderia com a finalidade da previsão de tais juízes, desconsiderando o elemento teleológico da interpretação [44]. Complementarmente, deve assinalar-se que a Constituição determina que haja "formas especiais de assessoria junto do Ministério Público nos casos dos crimes estritamente militares", remetendo para a lei a definição dos respectivos termos (artigo 219º, nº 3). Desta sorte, não é exigível que a assessoria militar possua certas competências específicas, mas apenas que tenha intervenção nos processos respeitantes a crimes estritamente militares, sem a qual perderia sentido a sua própria existência. Essa intervenção traduz-se hoje na exigência de parecer prévio não vinculativo quanto ao requerimento de aplicação de medidas de coacção, à dedução de acusação e ao arquivamento, de acordo com a Lei de Organização e Funcionamento dos Tribunais Judiciais [45].

Por fim, a compressão da competência dos tribunais militares constituídos em tempo de guerra ao julgamento de crimes estritamente militares é imposta pelo artigo 213º da Constituição, em homenagem a um Direito Penal de matriz essencialmente liberal que se rege pelo princípio de subsidiariedade e só intervém quando isso é indispensável à defesa dos bens jurídicos (artigos 18º, nº 2, da Constituição e 40º, nº 1 do Código Penal).

---

do Ministério Público foi aprovado pela Lei nº 101/2003, de 15 de Novembro, que consagra os princípios da independência, inamovibilidade e irresponsabilidade dos juízes militares, prevê o seu estatuto remuneratório, movimento, honras e precedências e trajo profissional (a definir por portaria conjunta dos Ministros da Defesa Nacional, da Administração Interna e da Justiça) e fixa o regime de intervenção dos assessores militares.

[43] Assim se pronunciam, acertadamente, Vitalino Canas, Ana Luísa Pinto e Alexandra Leitão, *Código de Justiça Militar Anotado, op. cit.*, pp. 10-11.

[44] Cfr. Vitalino Canas , Ana Luísa Pinto e Alexandra Leitão, *Código de Justiça Militar Anotado, op. cit.*, p. 11, e, em sentido contrário, António de Araújo, *text. cit.*, p. 569.

[45] Cfr. artigo 23º da Lei de Organização e Funcionamento dos Tribunais Judiciais, na redacção dada pela citada Lei nº 105/2003.

A Justiça Penal Militar tem Futuro? 197

2. Está pois em crise o Direito Penal Militar. E está em crise, desde logo, porque o fim da guerra em África, no âmbito nacional, e o fim da "guerra-fria", no plano internacional, implicaram um redimensionamento e uma redefinição de objectivos das Forças Armadas. A controversa cessação do serviço militar obrigatório, operada também pela Revisão Constitucional de 1997 (artigo 276º, nº 2, da Constituição) [46], a participação das Forças Armadas Portuguesas em missões internacionais humanitárias e de paz [47], a consagração de um novo conceito estratégico da defesa nacional (no âmbito do qual se regista um esbatimento da distinção entre segurança interna e defesa nacional, mediante a orientação para alvos como o terrorismo global, a criminalidade transnacional e a própria protecção civil [48]) e o reconhecimento do direito de associação e de direitos conexos aos militares [49] constituem os traços essenciais dessa mutação profunda.

Todavia, continua a fazer sentido falar em Direito Penal Militar, na exacta medida em que a Defesa Nacional, entendida como actividade tendente a "garantir, no respeito da ordem constitucional, das instituições

---

[46] Ao nível infraconstitucional, esta alteração foi introduzida no artigo 10º da Lei de Defesa Nacional e das Forças Armadas (Lei nº 29/82, de 11 de Dezembro) pela Lei Orgânica nº 3/99, de 18 de Setembro.

[47] O nº 5 do artigo 275º da Constituição, na versão da Revisão Constitucional de 1977, estabelece que "incumbe às Forças Armadas, nos termos da lei, satisfazer os compromissos internacionais do Estado Português no âmbito militar e participar em missões humanitárias e de paz assumidas pelas organizações internacionais de que Portugal faça parte". A citada Lei Orgânica nº 3/99 alterou o artigo 9º da Lei de Defesa Nacional e das Forças Armadas, o qual passou a repetir, quase literalmente, no seu nº 5, o preceito constitucional.

[48] A Constituição prevê que as Forças Armadas podem ser incumbidas de colaborar em missões de protecção civil e em tarefas relacionadas com a satisfação de necessidades básicas e a melhoria da qualidade de vida das populações, no nº 6 do artigo 275º. É patente, de resto, o esforço do legislador constitucional para prever exaustivamente as missões das Forças Armadas, de acordo com uma técnica de tipicidade que tem por objectivo precípuo evitar perversões que ponham em causa o Estado de direito democrático. A Lei nº 113/91, de 29 de Agosto (Lei de Bases da Protecção Civil), identifica as Forças Armadas como agente de protecção civil, atribuindo-lhes funções nos domínios do aviso, alerta, intervenção, apoio e socorro – cfr. alínea c) do nº 1 do artigo 18º.

[49] O artigo 270º da Constituição autoriza a lei a "estabelecer na estrita medida das exigências próprias das respectivas funções, restrições ao exercício dos direitos de expressão, reunião, manifestação, associação e petição colectiva e à capacidade eleitoral passiva dos militares e agentes militarizados dos quadros permanentes em serviço efectivo ...". A Lei Orgânica nº 4/2001, de 30 de Agosto, alterou o artigo 31º e acrescentou os artigos 31º-A, 31º-B, 31º-C, 31º-D, 31º-E e 31º-F à Lei de Defesa Nacional e das Forças Armadas. Estas normas regulam o exercício dos direitos de expressão, reunião, manifestação, associação e petição colectiva e a capacidade eleitoral passiva. A liberdade sindical e o direito à greve não são aplicáveis às Forças Armadas.

democráticas e das convenções internacionais, a independência nacional, a integridade do território e a liberdade e a segurança das populações contra quaisquer agressão ou ameaça externas", persiste como obrigação impostergável do Estado (artigo 273°, n° 1, da Constituição) e uma vez que incumbe às Forças Armadas, em exclusivo [50], assegurar a defesa militar da República (artigo 275°, n° 1, da Constituição).

A previsão de crimes contra a soberania nacional no âmbito dos crimes contra a segurança do Estado corresponde à consagração desses bens jurídico-penais no próprio Código Penal. Crimes como a traição à pátria (artigo 308°) e a espionagem (artigo 317°) constituem paradigmas desses tipos de ilícitos que, mesmo em tempo de paz, ainda incluíam até 1998 a "automutilação para isenção do serviço militar" [51], crime que o Código de Justiça Militar apenas tipifica, presentemente, para o tempo de guerra [52].

3. Identificadas a independência, a integridade e a defesa nacionais e a incolumidade e a funcionalidade das Forças Armadas como bens jurídicos dignos de tutela penal, resta saber se é justificável a autonomização de um Direito Penal Militar. Não seria bastante a previsão dos crimes que ofendam estes bens jurídicos no Código Penal, sujeitando-os aos regimes substantivo e adjectivo que valem para os restantes crimes? Que fundamento político-criminal ou mesmo sistemático – normativo encontra a revogação dos artigos 237° (aliciamento de forças armadas) e 309° a 315° (serviço militar em forças armadas inimigas; inteligências com o estrangeiro para provocar guerra; prática de actos adequados a provocar a guerra; inteligências com o estrangeiro para constranger o Estado Português; ajuda a forças armadas

---

[50] O n° 1 do artigo 18°da Lei de Defesa Nacional e das Forças Armadas estatui que "a componente militar da defesa nacional é exclusivamente assegurada pelas Forças Armadas". As únicas excepções previstas respeitam ao dever de resistência de todos os portugueses à ocupação estrangeira (artigo 9°, n° 6, na redacção dada pela citada Lei Orgânica n° 3/99) e à colaboração das forças de segurança na execução da política de defesa nacional (artigo 18°, n° 2).

[51] Tipificada no artigo 321° do Código Penal de 1982/1995, a automutilaçao para isenção de serviço militar perfilava-se como uma incriminação anacrónica, em tempo de paz e numa ordem jurídica que consagra com generosidade a objecção de consciência. Propus a sua erradicação num anteprojecto que esteve na origem da Proposta de Lei n° 80/VII (que foi rejeitada pela Assembleia da República) e, mais tarde, da Lei n° 65/98, de 2 de Setembro. Ver, sobre isto, Rui Pereira, "Código Penal: as ideias de uma revisão adiada", *Revista do Ministério Público*, n° 71 (1997), pp. 59 e 69-70, e Conceição Ferreira da Cunha, em *Comentário Conimbricense do Código Penal* (Dir. por Figueiredo Dias). *Parte Especial. Tomo III. Artigos 308° a 386°*, pp. 2-3.

[52] O artigo 78° do Código de Justiça Militar comina para esse crime uma pena de prisão de 2 a 8 anos.

inimigas; campanha contra o esforço de guerra; sabotagem contra a defesa nacional) do Código Penal e a sua substituição pelas normas correspondentes do novo Código de Justiça Militar, aprovado pela Lei nº 100/2003, de 15 de Novembro (artigo 2º, nº 3)?

O reconhecimento de um ramo especial de Direito Penal não se satisfaz com a identificação de bens jurídicos específicos que, neste caso, são referidos pelo nº 2 do artigo 1º do Código de Justiça Militar. Na realidade, este preceito determina que "constitui crime estritamente militar o facto lesivo dos interesses militares da defesa nacional e dos demais que a Constituição comete às Forças Armadas e como tal qualificado pela lei", consagrando ainda, na sua parte final, o princípio da legalidade – cujo âmbito de aplicação constitucional é extensivo ao Direito Penal Militar (artigo 29º, nºs 1, 2 e 4, da Constituição). No entanto, o conceito de crimes estritamente militares, ainda que interpretado no rigoroso sentido de excluir da legislação comum a cominação de crimes militares, parece satisfazer-se com a expedita "importação" de crimes previstos no Código Penal para o Código de Justiça Militar e da sua tipificação neste Código como crimes comuns. Em alguns casos, a transformação não supera a substituição inexpressiva da expressão "quem", pela qual o Código Penal indica que está em causa um crime que pode ser cometido por qualquer pessoa, pela locução "aquele que", mais conforme com a tradição do Código Penal de 1852/86 e merecedora da preferência do legislador do Código de Justiça Militar.

Por consequência, é ainda necessário, para justificar a autonomia científica e a autonomização normativa do Direito Penal Militar, identificar um conjunto de regimes que se afastem de modo significativo dos previstos no Código Penal. Sem isso, a autonomia será apenas aparente. Ora, a pergunta decisiva a fazer nessa perspectiva é: o Código de Justiça Militar consagra regimes diferentes dos previstos no Código Penal?

A resposta a esta pergunta não pode deixar de ser positiva. Logo em matéria de aplicação no espaço, o Código de Justiça Militar substitui o princípio da territorialidade [53] por um princípio de aplicação universal da lei portuguesa (artigo 3º, nº 1), ainda que sujeito à realista condição objectiva de punibilidade de o agente ser encontrado em Portugal (artigo 3º , nº 2). Escusado será dizer que é a especialidade do bem jurídico " defesa nacional" que justifica este alargamento do âmbito de aplicabilidade da lei penal portuguesa. A defesa nacional constitui um conceito relacional que pressupõe até a existência de outros Estados, ou seja, de soberanias concor-

---

[53] Artigo 4º do Código Penal. O nº 1 consagra o princípio da territorialidade *stricto sensu* e o nº 2 acolhe o sub-princípio do pavilhão ou da bandeira, ao decretar a aplicabilidade da lei penal portuguesa a factos praticados a bordo de navios ou aeronaves portugueses.

rentes. Não faria qualquer sentido confinar a tutela penal da independência, da integridade e da defesa de um Estado às suas fronteiras.

Também em matéria de tentativa se decreta uma genérica punibilidade (artigo 12°) que derroga a regra segundo a qual esta modalidade especial de aparecimento do crime só é punível quando ao crime consumado corresponder pena de prisão superior a três anos [54]. É, de novo, a natureza dos crimes estritamente militares que explica esta solução – solução que, aliás, também está na génese da consagração de vários crimes de empreendimento pelo Código de Justiça Militar (como, por exemplo, a traição à Pátria prevista no artigo 25°, que constitui um crime de empreendimento próprio, ou o favorecimento do inimigo, previsto no artigo 27°, que constitui um crime de empreendimento impróprio) [55]. Os crimes estritamente militares são normalmente punidos na forma tentada. Se atingem o estádio da consumação podem obter a impunidade: o golpe de Estado bem sucedido culmina com a instauração de um novo regime político.

Ainda mais expressiva é a especialidade consagrada no artigo 13° do Código de Justiça Militar que determina que "o perigo iminente de um mal igual ou maior não exclui a responsabilidade do militar que pratica o facto ilícito, quando este consiste na violação do dever militar cuja natureza exija que suporte o perigo que lhe é inerente". Com efeito, esta norma afasta, em certas situações, a aplicabilidade do direito de necessidade (artigo 34° do Código Penal) e do estado de necessidade desculpante (artigo 35° do Código Penal), preterindo o princípio da ponderação de interesses ou valores conflituantes, no primeiro caso, e a cláusula de inexigibilidade, no segundo caso, em nome de um nível de exigência superior que se formula para os militares. É, aliás, esse mesmo padrão que explica a consagração de crimes como a capitulação injustificada e os actos de cobardia no Código de Justiça Militar (artigo 57° e 58°, respectivamente). O conceito de exigibilidade, para além de assumir uma natureza normativa, é concretizado, nos crimes específicos próprios e impróprios tipificados no Código de

---

[54] Cfr. artigo 23°, n° 1, do Código Penal. Esta regra também comporta várias excepções previstas no próprio Código Penal. Assim, por exemplo, no âmbito dos crimes contra o património, é constante a previsão da punibilidade da tentativa quando o crime consumado não é punível com pena de prisão superior a três anos (artigos 203°, n° 2, 205°, n° 2, 208°, n° 2, 212°, n° 2, 217°, n° 2, 224°, n° 2, 225°, n° 2, e 226°, n° 2).

[55] Os crimes de empreendimento constituem equiparações típicas de consumações e tentativas, sejam elas decretadas expressamente (crimes de empreendimento próprios) ou resultem da descrição da conduta típica (crimes de empreendimento impróprios). Ver, sobre estes crimes em geral, Jorge Fonseca, *Crimes de empreendimento e tentativa*, 1986, p. 47 e ss.

Justiça Militar, num patamar superior, tendo em conta os especiais deveres atribuídos aos militares.

Resta saber se uma tal solução é compatível com o princípio da culpa e a essencial dignidade da pessoa humana (artigo 1° da Constituição). Como se pode exigir a alguém que, por exemplo, sofre de uma fobia que a ignore? Nos casos em que o serviço militar é profissionalizado, pode estabelecer--se uma analogia substancial com as *actiones liberae in causa*: quem opta pela carreira da armas aceita as exigências que lhe são inerentes, tal como sucede a quem escolhe a profissão de polícia ou de bombeiro. Mas as dificuldades avolumam-se quando está em causa um sistema de serviço militar obrigatório, em que a condição de militar é imposta. Nesta situação, a única via de resolução do problema passaria pela objecção de consciência. Contudo, este instituto não permite aos "cobardes" eximirem-se ao serviço militar. Ele está vocacionado para uma resistência racional, assumida intelectualmente. O protagonista da *manhã submersa*, na sua revolta muda, e o soldado que foge apavorado da frente da batalha não são objectores de consciência típicos, embora mereçam compreensão pelo menos idêntica. Por outro lado, a objecção de consciência perde sempre terreno quando o estado de guerra se avizinha, cedendo perante a razão de Estado. E é na guerra, não em tempo de paz, que são cometidos, afinal, os crimes de capitulação injustificada e de actos de cobardia.

Quanto às sanções, a primeira especialidade a observar consiste na escolha da prisão como única pena principal (artigo 14° do Código de Justiça Militar). A pena de multa apenas é prevista como pena de substituição (artigo 17°). Ora, uma tal preferência indicia uma ruptura com os fins das penas eleitos pelo n° 1 do artigo 40° do Código Penal. Em vez de prevenção geral e especial positivas (defesa dos bens jurídicos e reintegração social do agente do crime), o primado da prisão revela que a retribuição e a prevenção geral negativa (dissuasão) se assumem como finalidades da punição neste sub-ramo do Direito Penal. Para além disso, o regime das penas acessórias de reserva compulsiva (artigo 18°) e expulsão (artigo 19°) contém especialidades em relação ao Código Penal, incluindo, no último caso, a perda do "direito de usar medalhas militares".

No domínio do processo penal, o Código de Justiça Militar contempla regras especiais de competência. Assim, são competentes para o julgamento de crimes estritamente militares, as secções criminais do Supremo Tribunal de Justiça, as secções criminais das Relações de Lisboa e do Porto e as 1ª e 2ª Varas Criminais da Comarca de Lisboa e a 1ª Vara Criminal da Comarca do Porto (artigos 109° e 110°), fornecendo três instâncias possíveis. O julgamento é sempre da competência do tribunal colectivo (artigo

111º), o que garante em certos casos duas instâncias sucessivas de recurso – primeiro o recurso para a Relação, abrangendo a matéria de facto, depois o recurso para o Supremo Tribunal de Justiça, quando se registar uma dupla conforme condenatória referente a crime punível com pena de prisão de limite superior a oito anos ou um conjunto de acórdãos divergentes relativos a crime punível com pena de prisão superior a cinco anos [56]. Os juízes militares – apenas um, que pode provir de qualquer dos ramos das Forças Armadas ou da Guarda Nacional Republicana, integra cada colectivo – são adjuntos (nunca presidentes do colectivo), não lhes podendo ser confiado o papel de relator (artigo 116º), o que tende a desvalorizar a sua influência nos tribunais de julgamento e de recurso. Os processos são sempre urgentes (artigo 119º). Para militares está previsto um dever de denúncia com âmbito idêntico ao dos funcionários, mas muito mais restrito do que o das entidades policiais, ou seja, referente a crimes (estritamente militares apenas [57]) de que tomem conhecimento no exercício de funções e por causa delas (artigos 122º do Código de Justiça Militar e 242º, nº 1, alínea b), do Código de Processo Penal). Por fim, os assessores do Ministério Público na promoção de processos por crimes estritamente militares também são oficiais das Forças Armadas ou da Guarda Nacional Republicana (artigo 127º).

Quanto ao âmbito de aplicação, o Código de Justiça Militar procede à equiparação integral da G.N.R. às Forças Armadas, o que se afigura especialmente controverso. De facto, a G.N.R., possuindo embora natureza militar (o que explica, por exemplo, que não admita sindicatos, ao contrário do que sucede com a P.S.P.), é uma Força de Segurança que, em tempo de paz, exerce funções em tudo semelhantes às da P.S.P., seja no domínio da manutenção da ordem pública seja em matéria de investigação criminal. Partindo desta ambivalência, o projecto de Código de Justiça Militar do Partido Socialista negava a qualificação como crimes e considerava meros ilícitos disciplinares alguns factos praticados pelos militares da G.N.R. em tempo de paz (por exemplo, o abandono de posto previsto no artigo 66º).

---

[56] Cfr., respectivamente e *a contrario sensu*, as alíneas f) e e) do nº 1 do artigo 400º do Código de Processo Penal. Na hipótese de dupla conforme absolutória, nunca é admissível o recurso em cascata – primeiro para a Relação e depois para o Supremo –, por força do disposto na alínea d). Recorde-se que este recurso em cascata foi introduzido no Código de Processo Penal de 1987 pela Reforma de 1998 (Lei nº 59/98, de 25 de Agosto).

[57] É duvidoso que o dever de denúncia não deva abranger crimes não estritamente militares de que os militares tenham conhecimento no exercício de funções e por causa delas (por exemplo, um crime de lenocínio – artigo 170º do Código Penal – cometido numa instalação militar). Porém, o Código de Justiça Militar não estende a esses casos o dever de denúncia, restringindo-o, nesse aspecto, de modo incompreensível, em relação ao dever de denúncia dos funcionários.

A Justiça Penal Militar tem Futuro? 203

Todavia, esta equiparação mitigada não logrou vencimento, tendo prevalecido a paridade [58].

4. Do que acabou de se expor resulta com nitidez que o Direito Penal Militar continua a apresentar, mesmo depois da Revisão Constitucional de 1997, especificidades que reclamam a sua autonomia científica e técnico--legislativa. Fundamentam esta afirmação a existência de bens jurídicos próprios que se analisam na sistematização do título II do livro I da Parte Especial (crimes contra a independência e a integridade nacionais; contra os direitos das pessoas; contra a missão das Forças Armadas; contra a segurança das Forças Armadas; contra a capacidade militar e a defesa nacional; contra a autoridade; contra o dever militar; contra o dever marítimo) do Código de Justiça Militar e a cosagração de especialidades substantivas (que vão da aplicação da lei penal à escolha da pena, passando pelos modos de aparecimento do crime e pelas causa de exclusão da ilicitude e da culpa) e processuais.

O Direito Penal Militar ergue-se, assim, como um sub-ramo do Direito Penal que tem por fim proteger: em primeira linha, bens jurídicos como a independência, a integridade e a defesa nacionais; de modo instrumental, a incolumidade e a funcionalidade das Forças Armadas; acessoriamente, a paz e a humanidade, no âmbito dos crimes contra os direitos das pessoas [59]. A sua dogmática caracteriza-se por uma adaptação dos institutos (aplicação no espaço, tentativa, justificação e desculpa, pena principal) a uma vocação mais interventora e menos liberal do que aquela que caracteriza o Direito Penal Comum.

Chegada a altura de dar uma resposta fatalmente provisória e falível à pergunta que ensaiei, concluo que a Justiça Penal Militar tem futuro. Um futuro tão longo, afinal, quanto o futuro da criminalidade, do Direito Penal e dos Estados soberanos – como é, desde há quase 900 anos, o Estado português.

Rui Pereira

Professor Convidado de Direito Penal

---

[58] Artigo 4º, nº 1, alínea a), do Código de Justiça Militar. Ver, quanto a este ponto, Vitalino Canas, Ana Luísa Pinto e Alexandra Leitão, *op. cit.*, p. 21.

[59] Esta acessoriedade não significa uma menor relevância destes crimes. Na realidade, os crimes de guerra, entendidos como "infracções graves do Direito Internacional da Guerra cometidas pelas pessoas pertencentes a uma potência nela implicada contra soldados, pessoas civis ou bens de um Estado inimigo, de um país vencido ou de um território ocupado" (cfr. H.-H. Jescheck, *Lehrbuch des Strafrechts. Allgemeiner Teil*, 5ª ed., 1996, p. 124), têm adquirido, pelo contrário, um estatuto cada vez mais relevante na comunidade internacional, em articulação com o desenvolvimento da doutrina dos direitos humanos. Utilizo aqui a expressão "acessoriedade" para referir bens jurídicos que não estão numa relação de meio e fim com a defesa nacional.